Elfriede Mosenthin

Erlebnisse einer Nachtschwester

Elfriede Mosenthin

Erlebnisse einer Nachtschwester

rosenheimer

Titel der Originalausgabe: »Am Ende bleibt die
Menschlichkeit«

Titelbild: Die Bildertruhe Karin Naulin und Partner,
Ainring;
Fotograf: Heinz Ehrenkäufer
Druck und Bindung: GGP Media, Pößneck
Printed in Germany

ISBN 3-475-53332-4

Inhalt

1. Kapitel

Erste Begegnung mit dem „Berggeist“

„Was gibt's Neues?“ Bevor meine Nachtschicht begann, hatte ich mich noch kurz in das Stationszimmer gesetzt. Schwester Thea, die heute Spätdienst gehabt hatte, erzählte mir von einem Neuzugang: die Geschwister Seidelmeier, zwei unverheiratete Frauen, achtzig die eine, die andere ein Jahr älter. Schon vor ein paar Tagen hatte ich von ihnen gehört. Beide waren auf einem Bauernhof in der Umgebung aufgewachsen und hatten sicher kein leichtes Leben gehabt. Sie hatten sich das Leben aber selber nicht leichter gemacht und immer in Zank und Hader zusammengelebt. Man hatte uns vorgewarnt.

Heute war Frau Elisabeth Seidelmeier eingeliefert worden. Ihre Schwester sollte morgen in unser Heim kommen. Die beiden sollten sich tunlichst nicht begegnen, um weiteren Streit gar nicht erst aufkommen zu lassen.

Ich begann meinen ersten Kontrollgang durch die Stationen. Ich hatte zwei Etagen zu versorgen, Station I und II. Jede dieser Pflegestationen hatte vier Vierbettzimmer, vier Zweibettzimmer, ein Einzelzimmer und ein Sterbezimmer. Auch zwei Altenheime gehörten nachts zu meinem Aufgabenbereich, aber nur, wenn dort in einem Notfall geläutet wurde. Natürlich war ich auch gespannt auf „die Neue". Leise schlich ich in das Vierbettzimmer, in dem Frau Elisabeth untergebracht war. Sie schlief bereits. Ich schaute in ein schmales durchsichtiges Gesicht. Eine viel zu große Hakennase wollte gar nicht recht dazu passen. „Wie ein Berggeist", durchfuhr es mich.

Schwester Thea hatte mir noch gesagt, daß die neue Patientin morgens gewaschen werden wollte.

Mit gemischten Gefühlen ging ich also am Morgen in das Zimmer, in dem der „Berggeist" (wie ich Frau Elisabeth für mich inzwischen schon genannt hatte) lag.

„Guten Morgen allerseits!" grüßte ich, als ich eintrat.

„Franzi, bist das du?" rief Frau Elisabeth laut.

„Nein, Frau Seidelmeier, ich bin Schwester Elfi, ich soll Sie waschen!" antwortete ich.

Sie beäugte mich von oben bis unten.

„Ich soll Sie waschen, ich soll Sie waschen!" äffte sie mich nach. „Was red'st denn so g'schwollen daher. Zu mir brauchst net Sie sagn. Wennst moanst, dann wasch mi halt!"

Ich begann die Knöpfchen des Nachthemdes zu öffnen. „Was machst jetzt da?" fragte sie unwirsch. „Ja, das Hemd ausziehen, damit ich Ihren Körper waschen kann." – „Ja, was bist leicht du für a Drecksau?" fragte sie und steigerte ihr kräftiges Bayerisch um einen deutlich gröberen Ton. „Schamst di denn gar net, ha? Des laßt gefälligst o! Mei Hemd, des ziagt mir neamands aus!"

Ich versuchte jetzt, sie auf die Seite zu drehen, um den Rücken wenigstens unter dem Hemd zu waschen.

„Hilfe, i fall außi!" schrie sie laut. Schnell zog ich die Windeln herunter, die sie trug, weil sie inkontinent war, und versuchte, ihr neue anzulegen. „Achala, achala, jetzt fummelts sogar an meinem Arsch herum!" reagierte sie laut und empört.

Plötzlich aber fragte sie: „Ist die Franzi da?" – „Nein, Franzi ist nicht da, ich kenne keine Franzi!" sagte ich, um eine weitere Provokation gar nicht erst aufkommen zu lassen. Von Schwester Thea wußte ich zwar, daß Frau Seidelmeiers Schwester Franzi hieß. Aber diese Notlüge schien mir geboten.

Endlich war ich mit dem Waschen fertig und verabschiedete mich, um nach Hause zu gehen. Ein Nachtdienst wie viele andere war für heute vorbei.

Als ich vor vielen Jahren im Pflegeheim als Nachtschwester angefangen hatte, schien die Arbeit zunächst über meine Kräfte zu gehen. Ich war die einzige Schwester im Nachtdienst, und da die zweite Nachtschwesterstelle unbesetzt blieb, mußte ich elf Nächte hintereinander Dienst tun und hatte anschließend nur drei Tage frei.

Hinzu kam, daß mein Mann alkoholkrank war. Oft quälte mich während der Arbeit die Vorstellung, daß er sich vielleicht jetzt gerade betrank oder seine Aggressionen an den Kindern abreagierte. Bald jedoch wendete sich vieles zum Guten. Die Patienten wuchsen mir rasch ans Herz, und ich hätte die Arbeit um nichts in der Welt mehr aufgeben wollen.

Mein Mann hatte sich zu einer Entziehungskur entschlossen und stand mir nach ihrem Abschluß hilfreich zur Seite. Im Beruf hatte er Erfolg. Er wurde auch ehrenamtlicher Mitarbeiter in der Suchtfürsorge, und er nahm diese Hilfe für andere sehr ernst.

Seit eine zweite Nachtschwester mit mir im Wechsel von sieben Nächten den Dienst versah, war die Arbeit nicht mehr so anstrengend. Meine Nerven hatten sich seit der schweren Zeit erholt, und das kam wiederum den Patienten zugute. Während der Arbeit konnte ich wieder ganz bei der Sache sein. Mit allen Fasern meines Herzens hing ich an diesem Beruf.

Die vielen Jahre Nachtdienst hatten mir inzwischen auch eine wohltuende Routine vermittelt. Ich fürchtete mich vor keinem Geräusch mehr, das Haus war mir vertraut geworden.

Nur an das Elend, das mir in immer wieder neuen Gesichtern und Schicksalen begegnete, daran konnte ich mich nicht gewöhnen. Und es ließ mich immer noch nicht kalt, wenn jemand seinen letzten Weg antrat. Und ich habe viele auf diesem Weg begleitet. Es war mir recht so. Ich wollte mich berühren lassen. Und gerade die schweren Stunden gehören zu meinen wichtigsten Erfahrungen.

Schneewittchen

Heute hatte Schwester Hanna Spätdienst, als ich zur Arbeit kam. Sie schaute mich traurig an: „Schneewittchen kann nicht mehr laufen, ihr Mann ist noch bei ihr. Sie weinen beide!" Schneewittchen war eine dreiundzwanzigjährige Frau, Mutter von zwei kleinen Kindern. Sie hatte einen Gehirntumor. Alles, was getan werden konnte, war bereits geschehen. Sie wartete bei uns nur noch auf das Ende. Wenn man das Zimmer betrat, bot sich stets dasselbe Bild. Ein todtrauriger Mann hielt eine schöne Frau, schön wie Schneewittchen, in seinen Armen. Ihr Abschied am Abend war so ergreifend, daß man es fast nicht mit ansehen konnte. Sie konnten einander keine Kraft geben. Beide litten gleich schwer. Wir wünschten alle, daß die junge Frau von ihrem schweren Leiden bald erlöst werde, denn wir fürchteten auch um die Gesundheit ihres Mannes. Lange konnte er das nicht mehr durchhalten.

Aber das war noch nicht alles, was Hanna auf dem Herzen hatte: Unsere Heimleiterin, Schwester Anna, war in das Krankenhaus eingeliefert worden und sollte sich einer Darmoperation unterziehen. Hanna hatte erfahren, daß die Lage sehr ernst war. Ich erschrak. Bei Schwester Anna hatte ich mich seinerzeit vorgestellt, als ich mich im Alten- und Pflegeheim St. Marien beworben hatte. Es war eine für mich schicksalhafte Begegnung gewesen.

„Was machen wir nur ohne sie?" jammerte Hanna. „Solange nicht feststeht, was ihr fehlt, sollten wir nicht zu schwarz sehen. Warten wir erst einmal ab, was die Ärzte feststellen. Vielleicht ist es nicht so schlimm!" versuchte ich sie zu trösten. „Zumindest brauchen wir noch nicht das Schlimmste anzunehmen!"

Frau Franzi führt sich ein

Plötzlich hellte sich Hannas Gesicht auf: „Ach Elfi, ich habe Ihnen ja noch nichts von der Neuen erzählt, Sie wissen schon, von der Schwester der Frau Elisabeth

Seidelmeier." Sie schmunzelte. „Das ist vielleicht eine Marke! Sie werden Ihre helle Freude an ihr haben!" – „Wieso?" fragte ich.

Schwester Hanna setzte sich noch einmal hin, anscheinend hatte sie bereits am ersten Abend viel von Frau Franzi Seidelmeier zu berichten. „Frech ist die, das können Sie sich gar nicht vorstellen. Zu mir hat sie gleich, als sie auf die Station kam, gesagt: ‚Das Essen schmeckt dir sicher recht gut, weil'st gar so wampert bist!' Sie sagt, was sie denkt. Und sie hat sofort nach ihrer Schwester, der Liesi, gefragt. Verplappern Sie sich bloß nicht, die sollen hier nicht zusammentreffen. Wie der Bruder gesagt hat, würde es dann zu einer Katastrophe kommen. Denn die beiden streiten nicht nur, sie schlagen sich auch!" – „Da brauchen Sie keine Sorge zu haben, Schwester Hanna, ich werde mich hüten. Weiß man eigentlich, warum sie sind wie Hund und Katz?" – „Sie sollen ein und denselben Mann geliebt haben. Zuerst ist die Franzi mit ihm gegangen, und dann hat die Liesi ihn ihr abspenstig gemacht. Schließlich hat er aber dann doch eine andere geheiratet. Mehr weiß ich auch nicht." – „Na so was, bloß wegen einem Mann so ein Theater!" entfuhr es mir. Schwester Hanna verabschiedete sich lachend und wünschte mir noch eine ruhige Nacht.

Nachdem ich durch die beiden Altenheime gegangen war und Türen und Fenster geschlossen hatte, machte ich meinen ersten Rundgang. Natürlich war ich neugierig und schaute zuerst zu Frau Franzi Seidelmeier. „Guten Abend", grüßte ich, als ich in das Vierbettzimmer kam. Erwartungsvoll sah mir Frau Franzi entgegen. Sie war das krasse Gegenteil ihrer Schwester: ein rundes wohlgenährtes Gesicht, dazu rote Bäckchen. Nur die Augen waren genauso listig.

„Wieda so a Schwesta", knurrte sie. „Erst a wamperte und jetzt a dürre!" Ich überhörte ihre Bemerkung und sagte freundlich: „Ich bin die Nachtschwester Elfi. Wenn Sie einen Wunsch haben, läuten Sie bitte, ich komme dann so rasch wie möglich."

„Schau du nur, daßd' auf deine eigenen Haxn stehn kannst, i brauch di net, und jetzt schau, daß de da drüben ihr Maul hält. I möcht schlafen."

Frau Fischer sang noch ein Liedchen vor sich hin, was die Franzi störte. Ich ging also zu Frau Fischer, streichelte sie und bat: „Würden Sie jetzt ein wenig Ruhe geben, damit die neue Dame schlafen kann?"

Schallendes Gelächter unterbrach mich. „Dame, ha ha, Dame. Du bist so blöd, wie du dürr bist. Wenn des die Elisabeth gehört hätt'. Überhapts, wo is'n de Elisabeth, is de scho da?" fragte Frau Franzi. „Ich kenne keine Elisabeth", antwortete ich und schämte mich jetzt der Lüge ein wenig. „Geh, du werst doch mei Schwesta kenna, de vornehme, a so a dürre, wie du bist, bloß daß de nimmer laufen kann. Die muaß im Bett bleibm, weils so boshaftig is!"

Ich stellte mich dumm: „Ich habe sie nicht gesehen." – „Na, de werd scho no kumma!" meinte Frau Franzi. Nachdem ich mich überzeugt hatte, daß die anderen beiden Zimmerbewohnerinnen schliefen, wollte ich mich verabschieden, doch Frau Franzi rief noch einmal: „Geh amal her, du da!" Ich stellte mich an ihr Bett. Sie zog kräftig an meiner Schwesternschürze. „Helfst ma du no amol außi in mei Gehwagerl, i muaß no amal piesin."

„Aber natürlich, kommen Sie nur, ich bringe Sie auf

die Toilette." – „Geh, blödes Weib, zu mir brauchst net Sie sagn, i sog ja a du zu dir. I bin de Franzi und aus!" Ich mußte lachen: „Also gut, Franzi, dann bleiben wir per du." Ich versuchte nun, die kleine Frau aus dem Bett zu heben. „Mei, stellst di du blöd!" zeterte sie, als ich sie anhob. „Du brauchst ma bloß di Füaß außehebn und das Gehwagerl herschiabm, na kann i scho selber weitermachn!" Ich hob also ihre Füße aus dem Bett. Tatsächlich kam sie ganz gut zurecht. Ich staunte, wie flink sie mit ihrem Wägelchen auf die Toilette marschierte. Danach mußte ich ihr nur ein wenig helfen, wieder ins Bett zu steigen. „Das geht ja recht gut, Franzi", lobte ich sie. „Ja mei, i bin ja noch koa alte Frau, des is bloß de Elisabeth. De kann überhapts nemehr gehn. Woast, des is de Straf, weils ma mein Toni ausg'spannt hot!" – Ich stellte mich dumm. „Was für einen Toni?" – „Na woast scho, mein Tschamsterer, der mi heiratn wollt." Sie rieb sich die Hände. „Aba, da is ihr der Fotz sauber bliebm, sie hot'n a net g'heirat."

Ich mußte mich festhalten, um nicht herauszuprusten. „Jetzt mußt du aber schlafen, Franzi, es ist schon spät, nicht daß du die anderen Frauen auch noch aufweckst." – „Ja, is scho recht, gut Nacht!"

Franzi drehte sich zur Seite und gab die ganze Nacht Ruhe.

Kampf auf Zimmer Nummer 80

Jetzt machte ich die Runde durch die anderen Zimmer. Nachts stand stündlich eine Kontrolle an. Zuerst ging ich zu den Männern.

Herr Schweiz wollte abends länger aufbleiben, und das war nicht unproblematisch. Denn wenn er einen schlechten Tag hatte, konnte er sehr ruppig zu seinen Zimmerkollegen werden. Schon als ich die Türe öffnete, fiel mir sein mißgelaunter Gesichtsausdruck auf. Herr Ebert, ein freundlicher Patient, dem ein Beim amputiert worden war, beklagte sich denn auch gleich: „Heute ist er vielleicht wieder grantig, gerade hat er mir eine Ohrfeige angeboten!" Ich setzte mich zu Herrn Schweiz und wollte ihm gut zureden. Doch der ließ mich gar nicht erst zu Wort kommen: „Gib dir keine Mühe, ich geh' nicht ins Bett, kannst gleich wieder abhauen!" – „Wer sagt denn etwas vom Zubettgehen?" tat ich scheinheilig. „Ich wollte nur einmal nach Ihnen sehen, aber wie ich gehört habe, wollen Sie Herrn Ebert schlagen!" – „Der soll sein blödes Maul halten, sonst stopf' ich es ihm!" war die Antwort.

Ich fühlte, wie ich zornig wurde. Etwas zu laut sagte ich: „Herr Schweiz, ich will so einen Ton nicht mehr hören! Sie haben kein Recht, irgend jemanden hier zu verprügeln!" – „Geh, halt dei Pap'm und schleich di!" war alles, was er dazu zu sagen hatte. Entschlossen stellte ich mich vor ihn hin und sagte, jetzt betont ruhig: „Herr Schweiz, ich komme in einer Stunde noch einmal und helfe Ihnen, zu Bett zu gehen. Denn dann muß das Licht gelöscht werden!" Er ballte die Fäuste und knurrte: „Komm du nur!"

Ich setzte jetzt meinen Rundgang durch die anderen Zimmer fort. Einige Patienten brauchten am Abend ihre Streicheleinheiten, um einschlafen zu können.

Am liebsten ging ich in das Zimmer des Ehepaares

Meisner. Die beiden strahlten eine warme Atmosphäre aus. Herr Dr. Meisner war als Kinderarzt in unserer Stadt eine angesehene Kapazität gewesen. Trotz seines hohen Alters war er geistig auffallend rege und frisch geblieben. Seine Frau war die Güte in Person. Beide konnten dem Pflegepersonal Kraft und oft auch einen guten Rat geben. Ihre Kinder und Enkelkinder, Angehörige und Freunde kamen gerne zu ihnen. Das spürte man an der Harmonie in diesem kleinen Zweibettzimmer.

Hatte ich nachts Probleme mit irgendeinem Patienten, durfte ich zu jeder Zeit zu den Meisners kommen.

Wir Schwestern fühlten uns manchmal beschämt von ihnen. Wenn sie wirklich einmal einen Wunsch hatten, dann baten sie derart bescheiden darum, daß wir nichts lieber taten, als ihn zu erfüllen.

Ich ertappte mich manchmal dabei, daß ich nur zu ihnen hineinging, um Frau Meisners Schönheit zu bewundern. Sie war eine jener Frauen, die von innen her strahlen.

Als ich jetzt eintrat, fragte der Mann, kaum daß er mich gesehen hatte: „Sie haben doch etwas auf dem Herzen, Schwester?" – „Das kann man wohl sagen. Ich bin so ziemlich am Ende mit meiner Weisheit", antwortete ich niedergeschlagen. Er schaute mich über seine Brillengläser an. Wie üblich war er gerade wieder einmal dabeigewesen, eines seiner dicken Bücher zu wälzen. „Ach, der Herr Schweiz auf Zimmer achtzig. Ich habe Angst, daß er wieder einmal einen seiner Tobsuchtsanfälle bekommt und zuschlägt!" Der Doktor lächelte spitzbübisch: „Das kann ich verstehen, daß Sie den heute fürchten. Ich bin ihm am Nachmittag draußen auf dem Gang begegnet. Da kam er mir auch sehr grantig entgegen." – „Was soll ich denn bloß machen?" fragte ich. „Zeigen Sie ihm auf keinen Fall, daß Sie sich vor ihm fürchten. Treten Sie entschlossen auf, und wenn er grob wird, dann holen Sie den Direktor!" – „Das ist immer das letzte, was ich tun möchte, denn Sie wissen ja, wie unser Chef im Streß ist." – „Ich verstehe Sie schon, aber bevor Sie Schaden nehmen, wird es wohl besser sein, wenn Sie Hilfe holen."

Es war bereits 21.00 Uhr. Um diese Zeit wollte ich zu Herrn Schweiz und ihm helfen, zu Bett zu gehen. Schnell verabschiedete ich mich von den Meisners und machte mich auf den Weg.

Mir bot sich zunächst ein beruhigendes Bild. Herr Schweiz saß müde in seinem alten Sessel. Sein Kopf hing so weit herunter, daß man befürchten mußte, er verliere das Gleichgewicht. Vorsichtig stupste ich ihn an und bat ihn, sich von mir ausziehen zu lassen. Willig ließ er sich zu seinem Bett führen und machte auch keinerlei Schwierigkeiten beim Entkleiden. Kaum aber lag er im Bett, schienen seine Lebensgeister wieder zu erwachen. Er trat mir mit beiden Beinen in den Leib! Schnell hob ich das Gitter an, um sicherzugehen, daß er in seiner Raserei nicht aus dem Bett fiel. Wild schlug er mit beiden Fäusten nach mir. Als er versuchte, über das Gitter zu steigen, lief ich ins Magazin und holte einen Segofixgurt. Damit können wir besonders aggressive Patienten fixieren, ohne daß sie dabei alle Bewegungsfreiheit einbüßen. Aber wie sollte ich dem Mann, der wie wahnsinnig um sich schlug, allein den Gurt anlegen? Es gelang ihm immer wieder herauszuschlüpfen. Es wurde ein wilder Kampf, bei dem Herr Schweiz Bärenkräfte zu entwickeln schien. Ich dagegen fühlte, wie ich schwächer wurde.

Während ich den Gurt am Bett festzumachen versuchte, schlug er heftig auf mich ein.

Ein kurzer Blick zum Nachbarbett hätte mich in einer anderen Situation sicher zu einem Lachanfall verleitet. Da saß nämlich Herr Ebert aufrecht im Bett, hatte beide Fäuste geballt und schlug wild in der Luft herum, so, als würde er jemandem fortwährend einen Kinnhaken versetzen. Dabei rief er: „Ach Schwester Elfi, wenn ich Ihnen doch nur helfen könnte, den würde ich so verprügeln, daß er die nächsten Tage nicht mehr aufsteht."

Endlich war es mir gelungen, Herrn Schweiz den Gurt anzulegen. Gerade wollte ich aufatmen, da rief Herr Ebert aufgeregt: „Aber jetzt, Schwester Elfi, jetzt haben Sie es geschafft. Geben Sie ihm die Schläge zurück! Na los, geben Sie ihm einen ordentlichen Kinnhaken, schmieren Sie ihm eine! Worauf warten Sie denn noch? Auf geht's!"

Ich setzte mich an Herrn Eberts Bett und streichelte beruhigend seine Hände: „Was, glauben Sie, hätte ich davon, wenn ich den wehrlosen alten Mann schlagen würde?" – „Aber er hat Sie doch zuerst geschlagen und in den Leib getreten. Hat Ihnen das denn nicht weh getan?" – „Freilich, es tut jetzt noch weh. Aber zurückschlagen? Nein! Lieber jetzt ein bißchen Bauchweh, als tagelang ein schlechtes Gewissen. Und wie Sie sehen, habe ich es überlebt. Aber jetzt beruhigen Sie sich nur wieder, Herr Ebert, ich schaue später noch einmal zu Ihnen und Herrn Schweiz herein, gute Nacht!"

Nach etwa einer Stunde sah ich noch einmal zu Herrn Schweiz. Friedlich, als könne er kein Wässerchen trüben, lag er da und schnarchte. Ich konnte den Gurt wieder abnehmen. Auch Herr Ebert schlief fest und ruhig.

Morgenwäsche

Am Morgen wusch ich wie üblich zehn Patienten. Als erste wollte Frau Werner, eine Patientin mit Hautkrebs, gewaschen werden. Da, wo einmal ihre Nase gewesen war, befand sich ein großes Loch. Kaum hatte ich das Zimmer betreten, drohte sie: „Wenn Sie mich so nicht waschen, wie ich es Ihnen anschaffe, dann informiere ich die Presse!" Da jeden Morgen der gleiche Satz von ihr kam, sagte ich gleich bei meinem Eintritt: „Na, Frau Werner, waschen wir heute ohne Presse?" Irgendwann mußte sie selber darüber lachen. Aber ihre Anweisungen konnte sie nicht lassen. Es gehörte ein ordentliches Maß an Geduld dazu, sie zufriedenzustellen. Ich war immer froh, wenn ich fertig war.

Anschließend wusch ich Herrn Murau, einen besonders ungeduldigen Patienten. Er war unser Sorgenkind und tat uns allen von Herzen leid. Herr Murau, Vater von vier Kindern, war erst neununddreißig Jahre alt, als er auf dem Weg zur Arbeitsstelle von seinem Fahrrad gerissen und brutal zusammengeschlagen wurde. Nachdem man ihm die zwanzig Mark, die er bei sich gehabt hatte, geraubt hatte, ließ man ihn am Straßenrand liegen. Passanten, die ihn fanden, glaubten zunächst, er sei tot. Die Unfallklinik, in die man ihn gebracht hatte, verließ er querschnittgelähmt.

Ein ganzes Jahr wurde er behandelt. Man ließ nichts unversucht. Das Ende war das Pflegeheim.

Wir alle verstanden seine Ungeduld. Am schwierigsten war er, wenn seine Frau und seine Kinder zu Besuch waren. Die zierliche Frau hatte wieder angefangen zu arbeiten. Damit schien er überhaupt nicht zurechtzukommen. Wenn ihn seine Angehörigen wieder verlassen hatten, stand er auf und machte Gehversuche. Sofort fiel er hin und wurde dann sehr böse. Alle Gegenstände, die er erreichen konnte, warf er um sich. Wenn ich dann wortlos alles wieder aufhob, grollte er erst recht: „Warum schimpfen Sie mich nicht, Schwester Elfi, warum sind Sie so sanft mit mir? Soll ich Ihnen sagen, warum? Sie wissen, daß ich verloren bin und sterben muß. Ich will aber Ihr Mitleid nicht. Himmeldonnerwetter, behandeln Sie mich wie einen normalen Menschen!" Anschließend sank er in sich zusammen und bat weinend um Entschuldigung. Er tat mir so leid, daß ich ihn belog. Immer wieder machte ich ihm Hoffnungen: „Nicht verzagen, Herr Murau. Solange man selber kämpft und nicht aufgibt, kann alles recht werden." Nach solchen Worten beruhigte er sich schnell wieder. Ich dagegen kam mir schlecht vor. Seine Frau ertrug seine Launen mit Engelsgeduld. Ihr hatte man im Unfallkrankenhaus die Wahrheit nicht verschwiegen. Sie wußte, daß er nicht mehr lange zu leben hatte. Doch Herr Murau kämpfte noch ein ganzes Jahr. Dann ließen seine Kräfte langsam nach, und er ergab sich. Sein Ende ging uns allen sehr nahe.

Franzi greift ein

Als ich ins Zimmer von Franzi Seidelmeier kam, verschlug es mir den Atem. Ich mußte erst einmal das Fenster öffnen. Franzi beschwerte sich: „Sag amol, du, warum stinkst du so meineidig?" – „Wieso fragst du, Franzi? Riechst du vielleicht nach Rosen?" Franzi war beleidigt. Sie setzte sich im Bett auf und fing an zu schimpfen: „Red mi du net so blöd an. Geh, helf ma außi, i muaß in Abort."

Heute tat sich Frau Franzi bedeutend schwerer. Das lange Liegen hatte ihre Glieder bleiern gemacht. Sie hatte große Mühe, aus dem Bett zu steigen. Schwer stützte sie sich auf mich. Als sie aber stand und ihren Gehwagen fühlte, war sie rasch wieder auf den Beinen.

Frau Heeg, die auch erst einige Tage bei uns war, hatte den ganzen Mund braun verschmiert. Offenbar hatte sie Schokolade gegessen. Ich machte ihren Waschlappen naß, um ihren Mund zu waschen. Aber sie spuckte immer mehr Schokolade aus dem Mund. Jetzt holte sie sogar eine große Kugel heraus. Franzi war wieder in das Zimmer gekommen. „Mei, da kunnst net eini gehn, do stinkts wia im Saustall." Jetzt erst bemerkte ich, daß Frau Heeg keine Schokolade gegessen hatte, sondern ihren eigenen Kot. Ich konnte nicht einmal mehr hinauslaufen, mir wurde so übel, daß ich mich noch im Krankenzimmer erbrach. Franzi schaute sich das ganze zunächst wortlos an, dann schrie sie laut: „O mei, wo bin i bloß hikomma. De Drecksau da frißt ihre Scheiße, und de Schwesta speibt mitten ins Zimmer. I habs ja gleich gsagt, du bist zu dürr. Oder bist schwanger, ha?" – „Geh, Franzi, sei still. Ich bin nicht schwanger, mir ist nur schlecht geworden!" Franzi aber ließ nicht locker. „Ist dir eppa von derer ihren Scheiß schlecht worden? O mei, aushalten kenna die Leit heit nix mehr. Wegen den bisserl Scheiß brauchst net speim, geh weiter, des mach i." Noch ehe ich dazwischengehen konnte, hatte sie den Waschlappen ergriffen und Frau Heeg grob über den Mund gewischt. Danach schlug sie ihr mit der flachen Hand ins Gesicht: „No amol kommt mir des nimma vor, sonst kannst di am Balkon ausstinka." – „Aber Franzi", griff ich nun ein. „Die Frau ist doch krank!" – „Wer so stinka kunn, der is net krank, merk da des. So und jetzt kannst mi waschen." Während ich das Wasser in das Waschbecken laufen ließ, war Franzi flink mit ihrem Gehwägelchen zu den anderen beiden Damen gelaufen, hatte deren Deckbetten hochgehoben und kontrolliert, ob sie sich auch vollgemacht hatten. „Die andern ham nix", strahlte sie mich an. „Franzi, das will ich nicht, daß du zu den Patienten hingehst und sie belästigst!" rügte ich sie.

Da war ich an die rechte Adresse gekommen. Franzi hatte es gut gemeint. Jetzt schrie sie mich an: „In dem Zimma, da sorg i für Ordnung, gschissen werd da net! Und wannst mi du lang oschreist, na kannst mi a am Arsch lecken!" – Das war deutlich. Ich lenkte ein, denn Franzi hatte einen roten Kopf vor Zorn bekommen. „Ich hab's ja nicht so gemeint, jetzt komm und laß dich waschen!" – „Hoffentlich stellst di net recht saudumm an!" maulte sie, setzte sich aber auf den Stuhl, den ich an das Waschbecken geschoben hatte. Als ich ihr das Nachthemd über den Kopf ziehen wollte, schrie Franzi so laut, daß die Schwestern, die gerade in den Tagdienst gekommen waren, hereinstürmten. „Was ist denn da los?" rief Schwester Hanna. „Frag net so blöd, des siegst doch, daß ma de mein Schädel obareißt, die blöde dürre Matz de!" Sie schaute unter dem Hemd hervor und fing dann an zu lachen. „Wia schaugst denn du aus. Hast du dei Maul ogstricha, so moanst, bist schee, ha? Geh weita, gib mir an Lappen!" wandte sie sich an mich. „Derer werd ich's Maul owaschen!" Sie machte tatsächlich Anstalten, Schwester Hanna die Schminke aus dem Gesicht zu waschen. Rasch lief Hanna aus dem Zimmer. Franzi warf den Waschlappen gegen die Tür. „De braucht do nimma eini gehn!" schrie sie. „So jetzt kannst mi weiterwaschn!" Ich blieb fest. „Franzi, wenn du dich weiter so anstellst wie eben gerade, dann soll dich waschen, wer will. Ich mach' das Geschrei nicht mit!" – Treuherzig schaute sie mich an. Sie merkte, daß ich es ernst meinte. „Jetzt geh weita, probiern mas halt no amol!" Willig hob sie beide Arme hoch und ließ sich das Nachthemd ausziehen. Sie tat alles, worum ich sie bat. Als sie angezogen am Tisch saß, meinte sie: „Siegst, warum hast es net gleich so gmacht? Jetzt is ganga." Ich wollte nichts mehr sagen – froh, daß ich es hinter mir hatte. Franzi hatte sich die Serviette wie ein Lätzchen umgehängt und rief: „Jetzt bring mir mei Milchsuppen!" – „Du mußt noch ein wenig warten, Franzi, bis die Küchenmädchen mit dem Frühstück fertig sind!" – „Aber i möcht *jetzt* essen, oder bist du taub?"

„Nein, Franzi, ich habe dich gehört. Aber deswegen springe ich auch nicht gleich los. Frühstück gibt's um halb acht und nicht eher." – „Da wer ma wos ändern müssn!" maulte sie.

Inzwischen wurde sie durch Frau Meindl abgelenkt, die alle Morgen betete. Aufrecht, mit gefalteten Händen, saß die kleine Frau in ihrem Bett und betete. „Gegrüßet seist du, Maria …" Wenn sie fertig war, fing sie wieder von vorne an. Franzi war aufgestanden, ging mit ihrem Gehwagen zum Bett der Betenden und strich ihr unendlich sanft über das Haar. „Ja, was bist du für a liabs Weiberl?" sprach sie und hörte ihr weiter zu. Ich staunte. Das hätte ich der Franzi, die sich bisher nur von ihrer gröberen Seite gezeigt hatte, nicht zugetraut. Sie vergaß ihr Frühstück und betete mit.

In der Hoffnung, daß nun Ruhe in dem Zimmer sein würde, ging ich hinaus, um die Eintragungen in die Berichtsbücher zu machen und anschließend nach Hause zu fahren.

Schwester Hanna hielt mich draußen auf. „Sie sind blaß, Elfi. War die Nacht schwer?" – „Das kann man sagen, aber die Blässe kommt sicher davon, daß ich mich furchtbar ekeln mußte. Frau Heeg hat ihren Kot gegessen, und das war mir zuviel." – „Oh Gott", würgte sie, „das ist ja widerlich. Was hat die Neue, die Frau Seidelmeier, dazu gesagt?" – „Hanna, Sie hatten recht. Mit der werden wir noch Überraschungen erleben. Aber an dem Kot hat sie sich nicht gestoßen, eher daran, daß mir davon schlecht geworden ist. Aber jetzt betet sie mit Frau Meindl." – Ein lautes Gezeter ließ uns im gleichen Moment auseinander fahren. Gemeinsam rannten wir zum Vierbettzimmer, aus dem Franzis Stimme zu hören war: „Amen, hab i gsagt, jetzt reichts!" – „Heilige Maria, Mutter Gottes, bitte für uns Sünder", betete Frau Meindl gerade weiter. „Dein Maul sollst halten!" schrie Franzi erneut. „Des werd der Maria zvui und mir a!"

Aber da hatte sich die Franzi in Frau Meindl getäuscht. Vom Beten ließ sie sich durch nichts und niemanden aufhalten. Geschafft setzte sich die Franzi wieder an den Tisch und fing an zu weinen: „O Liesi, da ist's ja no ärger wia mit dia!" Ihr Schluchzen ging uns ans Herz. Ich nahm sie einfach in die Arme: „Komm, Franzi, wein doch nicht, du wirst dich schon noch eingewöhnen. Schau, wir hören das Beten von Frau Meindl gar nicht mehr. Uns fehlt direkt etwas, wenn sie still ist!" – „Ja, i hab ja a mitbet, aber die heart ja nimma auf!"

Inzwischen war es halb acht geworden, und das Küchenmädchen kam mit dem Frühstück ins Zimmer. Franzis Gesicht hellte sich sogleich auf. Zuerst aber betrachtete sie das Küchenmädchen genau. „Ja, du bist ja noch a Kind", fuhr sie Gabi an.

Gabi war zwar etwas klein und zierlich, aber schon verheiratet und Mutter eines Kindes. Jedoch Franzi hatte zu allem was zu sagen. Ich machte mich fertig, um nach Hause zu fahren.

2. Kapitel

Familienwochenende

Heute war Samstag, ein Tag, auf den ich mich schon die ganze Woche gefreut hatte. Der Samstag war Familientag, Günther und Hansi, unsere beiden Buben, brauchten nicht zu arbeiten, und es versprach, gemütlich zu werden. Leider hatte Elfriede Dienst. Sie war die einzige der vier Töchter, die nicht verheiratet war und noch zu Hause wohnte.

Die anderen drei Mädchen, Maria, Anna und Inge, waren bereits verheiratet, und jede war Mutter eines Sohnes. Maria und Anna wohnten ganz in der Nähe. Nur Inge lebte mit ihrem Mann etwa achthundert Kilometer weit entfernt und fehlte uns allen sehr.

Günther hatte seine Lehre als Metzger abgeschlossen und nun seinen Einberufungsbescheid zur Bundeswehr erhalten, was mich schier zur Verzweiflung gebracht hatte. Ich hatte in meiner Kindheit auf der Flucht aus der Heimat zu oft junge verwundete Soldaten gesehen, das konnte ich nicht so schnell vergessen. Hansi, das jüngste meiner sechs Kinder, machte eine Lehre als Kraftfahrzeugmechaniker und war im ersten Lehrjahr.

Mein Mann, Wickerl und die beiden Söhne warteten an diesem Morgen auf mich und die frischen Brötchen.

Wickerl, ein Nachbar, hatte zusammen mit meinem Mann die Entziehungskur gemacht. Seine Frau hatte ihn aus dem gemeinsam erbauten Haus geworfen. Als Wikkerl aus der Kur entlassen wurde, war seine Frau mit einem anderen Mann zusammen. Für kurze Zeit, bis mein Mann etwas Passendes für ihn gefunden hatte, nahmen wir ihn bei uns auf. Doch bei den Mahlzeiten hatten wir ihn auch später noch bei uns, weil ich fürchtete, daß Wickerl sich nicht ordentlich versorgen würde. Wickerl half mir, wo er konnte.

Leider hatte er bald wieder zu trinken angefangen. Seine Arbeitsstellen hatte er immer nur so lange, bis man ihn wieder irgendwo betrunken antraf.

Dann besorgte mein Mann ihm wieder etwas Neues. Aber Wickerl fand auf Dauer keinen Halt. Ständig sehnte er sich nach seinen beiden Kindern. Wenn er mir von ihnen erzählte, weinte er jedesmal, und ich weinte aus Sympathie mit.

Als wir jetzt alle am Frühstückstisch saßen, fragte Günther: „Na, Mama, hast du im Nachtdienst dein Gleichgewicht wieder gefunden? Oder fürchtest du immer noch, daß man deinen großen Jungen bei der Bundeswehr erschießen könnte?" – „Hör bloß auf, und erinnere mich nicht daran, sonst schmeckt mir das Frühstück nicht! Was hat eigentlich deine Kathi dazu gesagt?"

Günther lachte: „Ach, die Kathi weiß, daß ich irgendwann eingezogen werde. Ans Ende der Welt werden sie mich schon nicht schicken, und wenn alle Stricke reißen, werden wir eben vorher noch heiraten!"

Erschrocken rief ich: „Aber du bist doch erst neunzehn!" – „Na und!" entgegnete er. „Wenn ich dreißig wäre, würde ich auch keine andere als meine Kathi wollen!"

„Ist ja recht, Günther", lenkte ich ein, „ich habe sie auch so lieb, als wäre sie meine eigene Tochter. Aber glaub mir, ich weiß, wie es ist, wenn man so jung heiratet!" – „Aber wenn ihr es geschafft habt, werden wir es auch schaffen. Meinst du nicht auch, Papa?" – „Ich mische mich da gar nicht ein. Ihr jungen Leute laßt euch sowieso nicht dreinreden, meistens wird man erst durch eigene Erfahrung klug. Und gegen Kathi kann man wirklich nichts einwenden." So plauderten wir noch ein Weilchen, dann ging ich zu Bett.

Als wir am Sonntagnachmittag gemütlich beisammensaßen, kam Günthers Freundin.

Beide zogen sich eine Weile zurück und verkündeten dann die Neuigkeit: Noch bevor Günther zur Bundeswehr müsse, wollten sie heiraten.

Mein Mann und ich sahen uns verblüfft an. Denn so ernst hatten wir das Gespräch am Morgen nicht genommen. „Ihr habt doch noch keine Einrichtung!" versuchte mein Mann einen Widerstand. „Macht nichts, Papa, dafür werden wir schon sorgen, nicht wahr, Kathi?" Kathi nickte nur.

„Jetzt fragt sich nur noch, wann der Hansi mit einer Freundin daherkommt!" schimpfte mein Mann, schon resigniert vor solchen Fakten. Denn unser verwöhntes Nesthäkchen, der sechzehnjährige Lehrling, der hatte wohl noch einige Jahre, bis der Ernst des Lebens anfing. Aber mir gingen viele Gedanken im Kopf um, als ich mich zum Nachtdienst fertigmachte.

Frau Meisners letzte Tage

Als ich den Rundgang auf der Station begann, fand ich Frau Meisner verändert vor. Sie, die mich gewöhnlich freundlich empfing, war heute still und in sich gekehrt.

Ich stellte keine Fragen und dachte mir nur: Sicher gibt es auch bei diesem vorbildlichen Ehepaar einmal Probleme. Aber daß sie mich nicht einmal ansah, das beunruhigte mich doch. Ich nahm mir vor, sie im Auge zu behalten.

Doch immer wenn ich nachts in das Zimmer hineinschaute, schlief sie fest. Ich fühlte ihren Puls, er raste. Ihr ganzer Körper war heiß, sie hatte Fieber. Ich wagte nicht, die Temperatur zu messen, weil ich hoffte, der gute Schlaf würde ihr vielleicht mehr helfen als irgendein Medikament. Am Morgen benachrichtigte ich ihren Hausarzt. Als ich ihm erzählte, daß Frau Meisner wirr redete, versprach er, noch vor seiner Sprechstunde zu kommen. Das Fieber war inzwischen auf vierzig Grad angestiegen. Sie war wach und trotzdem nicht ansprechbar. Wenn nur der Arzt endlich kommen würde, dachte ich besorgt. Als er dann endlich eintraf, stellte er eine doppelseitige Lungenentzündung fest und wollte Frau Meisner sofort in das Krankenhaus einweisen.

Doch da schienen plötzlich ihre Lebensgeister wieder zu erwachen, sie sträubte sich: „Ich will bei meinem Mann bleiben. Wenn ich sterben muß, dann soll er bei mir sein.“ Dagegen wollte niemand etwas sagen, jeder verstand es.

Nun begann der Kampf um ihr Leben. Am meisten kämpfte sie selber. Aber nur wenige Tage.

Eines Morgens, in meinem ganzen Leben werde ich diesen Moment nicht vergessen, setzte sich der alte Doktor Meisner auf, sah seine Frau liebevoll an und sagte: „Noch zwei Tage, Paula, dann hast du es geschafft, wehre dich nicht mehr dagegen, ich komme bald nach!“ Seine Paula schaute ihn ergeben an, nickte mit dem so schwach gewordenen Köpfchen wortlos. Ich rannte aus dem Zimmer und ließ meinen Tränen freien Lauf.

Es dauerte keine zwei Tage mehr. Gottergeben und mit bewundernswerter Fassung nahm es der alte Doktor hin. Wir hörten ihn nie klagen. Drei Jahre, nachdem ihn seine geliebte Paula verlassen hatte, erhielt er im Alter von neunzig Jahren das Bundesverdienstkreuz. Unbeeindruckt, eher so, als hätte er es gar nicht verdient, nahm er auch das hin.

Kurze Zeit danach ist er gestorben.

3. Kapitel

Schwerer Abschied

Es war Frühling geworden. Günther mußte einrücken. Aus seiner Hochzeit war nichts geworden, denn seine Freundin hatte ihre Papiere nicht rechtzeitig beibringen können. Ich selbst brachte Günther nach Branneburg, einer Kaserne in der Nähe Rosenheims.

Während der Fahrt sprachen wir über belanglose Dinge, nur nicht darüber, wie uns beiden zumute war. In Branneburg verabschiedeten wir uns sehr kurz voneinander, um Rührung erst gar nicht aufkommen zu lassen. „Ruf an, wenn du etwas brauchst!" rief ich mit einem Zittern in der Stimme, das er sehr gut kannte.

Obwohl er mir den Rücken zugekehrt hatte, erkannte ich an seinem Gang, wie schwer ihm der Abschied fiel.

Auf der Rückfahrt weinte ich hemmungslos. Ich versuchte mich zu trösten. Die Ausbildungszeit wird schnell vorübergehen, und schließlich hatten wir Frieden. Aber es half mir nicht viel.

Kaum war ich zu Hause, als auch schon das Telefon läutete. Kathi wollte wissen, wie es Günther ergangen war. Da sie Kinderkrankenschwester war und Dienst hatte, hatte sie uns nicht begleiten können.

Kurz berichtete ich ihr, denn auch ich mußte mich für den Nachtdienst herrichten.

Die Suche nach der Schwester

Traurig empfing mich Schwester Thea: „Schwester Anna ist heute operiert worden, der Tumor im Darm war bösartig, man hat ihr einen künstlichen Ausgang legen müssen. Arbeiten wird sie nie mehr können." Ein dicker Kloß saß in meinem Hals, ich konnte nicht sprechen. Schwester Thea schien gar nicht auf eine Antwort zu warten. Wir schwiegen.

Jede hing ihren eigenen Gedanken nach.

Im zweiten Stock wartete Schwester Hanna bereits auf mich. „Elfi, heute werden Sie eine schwere Nacht haben. Herr Friederich liegt im Sterben, er hat es ganz besonders schwer, vielleicht können Sie recht oft bei ihm sitzen bleiben." Sie lächelte. „Ach ja, von der Franzi muß ich auch noch erzählen. Die ist heute mit dem Gehwägelchen herumgerannt und hat ihre Schwester, die Liesi, gesucht. Wie gut, daß die im ersten Stock auf Station I ist, denn bei ihrer Gründlichkeit hätte sie sie sicher gefunden." Ich mußte lachen. „Wieso Gründlichkeit, was hat sie denn gemacht?" – Hanna setzte sich, anscheinend war das eine längere Geschichte. „Sie hat beim ersten Zimmer angefangen. Als erstes wurde die Tür aufgestoßen, dann kam ihr quietschiger Ruf: ‚Liesi, bist du da drinnen?' Das genügte ihr aber noch lange nicht. Sie ging von Bett zu Bett, riß einem jeden das Deckbett herunter und sah sich jeden Patienten genau an. Im Männerzimmer hatte sie dann besondere Schwierigkeiten, denn Herr Wüstner schrie laut: ‚Hilfe, Hilfe, die Alte will mich vergewaltigen!' – Franzi darauf: ‚Do brauchst koa Angst ham, du schiacher Vogel, moanst, mir graust vor gar nix!' Es war gar nicht so einfach, die Franzi wieder zu beruhigen. Sie gab ihre Suche noch lange nicht auf. Sie müssen damit rechnen, daß sie in den ersten Stock läuft und vielleicht sogar ihre Schwester wirklich findet. Ich bin ja neugierig, was dann wird!" – „Na ja, fressen werden sie sich schon nicht, ewig werden wir sie nicht voreinander verstecken können. Eines Tages finden sie sich." – „Vor diesem Moment habe ich heute schon Angst", sagte Hanna.

Schweres Sterben

Nachdem ich Schwester Hanna hinausgelassen und meinen ersten Rundgang hinter mir hatte, setzte ich mich an Herrn Friederichs Bett. Ich war noch niedergedrückt wegen des Abschieds von meinem Sohn, das Schicksal von Schwester Anna lastete auf meiner Seele, und jetzt saß ich auch noch bei einem Sterbenden. Heute kam es schon knüppeldick.

Herr Friederich hatte es ganz besonders schwer. Der Schweiß stand auf seiner Stirn, und das Atmen strengte ihn an. Der Mund war ausgetrocknet. Ich befeuchtete seine Lippen und wischte ihm den Schweiß von der Stirn. Dann hielt ich seine Hand oder streichelte sie. Seine Angehörigen waren schon nach Hause gegangen. Immer wieder ist mir aufgefallen, daß die Angehörigen ungern da blieben, wenn es gilt, bei dem Sterbenden zu bleiben, ihm liebe Worte zu sagen oder mit ihm zu beten. Ich bin überzeugt davon, daß auch der schwerkranke Sterbende hört oder es zumindest fühlt, wenn man bei ihm ist. Ich merke es schon daran, daß der Kranke sofort ruhiger wird, wenn er nicht allein gelassen ist. Herr Friederich jedoch quälte sich die sieben Nächte, in denen ich Dienst hatte. Er konnte und konnte nicht sterben. Die Angehörigen waren bereits so mit ihren Nerven am Ende, daß sie schließlich überhaupt nicht mehr kamen. Sie baten nur noch, informiert zu werden, wenn er es hinter sich gebracht hätte.

Im letzten Nachtdienst rief mich Susi, meine Nachtwachenkollegin, an, um zu erfahren, was es Neues auf den Stationen gab. Grundsätzlich sprachen wir uns in der letzten Nacht unseres Dienstes ab, um die Arbeit besser bewältigen zu können. „Was glaubst du, wie lange wird der arme Kerl sich noch quälen müssen?" fragte sie mich, nachdem ich ihr von Herrn Friederich erzählt hatte. „Schwer zu sagen. Manchmal glaube ich, es passiert in der nächsten Minute, und dann meine ich wieder, es dauert noch Tage. So was habe ich noch nie erlebt. Sogar der Doktor schüttelt manchmal den Kopf." Rasch berichtete ich ihr, was es außerdem noch gab. Natürlich auch von den beiden Schwestern Seidelmeier. Susi freute sich: „Na endlich wieder einmal ein paar Originale!"

Susi war eine Kollegin, wie man sie sich nur wünschen konnte. Wir waren meistens der gleichen Meinung, wenn es um die Patienten ging. Oft warf man uns vor, daß wir sie zu sehr verwöhnten, aber das machte uns nichts aus. Wir fanden beide, daß man es gerade den Pflegefällen so schön wie nur möglich machen sollte.

Von Susi erfuhr ich später, wie schwer es Herr Friederich noch hatte. Drei Nächte war sie noch bei ihm gewesen, bis er endlich von seinen Qualen erlöst wurde.

Überraschung mit Franzi

Bei meinem letzten Nachtdienst war ich gerade schweißgebadet mit Franzis Schwester Liesi fertig geworden, als ich noch eine Überraschung erlebte. Liesi hatte mir während des Waschens ein paar blaue Flecken am Oberarm verpaßt, weil sie befürchtete, ich würde sie aus dem Bett werfen. „Du, du bist zum Scheißn zu blöd, so blöd hat sich nicht einmal de Franzi angstellt wie du", hatte sie mich beschimpft. Solche kräftigen Reden war ich ja schon von ihr gewöhnt und dachte mir nicht mehr allzuviel dabei.

Nicht lange danach kam ich in Franzis Zimmer. Wieder einmal empfing mich abscheulicher Gestank. O Gott, Frau Heeg wird doch nicht wieder voll sein, dachte ich. Als ich ihr Deckbett hob, rief Franzi mit merkwürdig ungewohnter Stimme: „Die hat nicht vollgemacht!"

Erstaunt drehte ich mich um, als hätte ich mich verhört. Seit wann sprach die Franzi denn hochdeutsch? „Komm zu mir her", rief sie ängstlich. „Was hast du denn, Franzi?" fragte ich besorgt. Tränen standen in ihren sonst so spitzbübischen Augen. „Wasch mich bitte, ich helf auch viel dazu und schrei überhaupt nicht!" – „Jetzt, Franzi, red erst einmal, wie dir der Schnabel gewachsen ist", riet ich ihr. „Mir gefällt es viel besser, wenn du bayrisch sprichst."

„Jetzt halt amol dei Maul und kimm!" schrie sie jetzt, wieder ganz die alte.

Als ich an ihrem Bett stand, hob sie ihr Deckbett hoch. Beinahe hätte es mich umgeworfen. Sie lag buchstäblich in der Soße und bewegte sich nicht. Es war ihr sichtlich peinlich. Ich holte tief Luft. „Da müssen wir jetzt tüchtig zusammenhelfen, Franzi!" Ich schaute in ihre entsetzten Augen und bemühte mich, mir nicht anmerken zu lassen, daß mir von dem Geruch schier übel wurde. Franzi ließ mich nicht aus dem Blick: „Speibst jetzt gleich wieda, ha?" fragte sie. „Nein, Franzi, du liegst ja still, das schaffen wir schon!" Sie war die Liebenswürdigkeit in Person. So hatte ich sie während des Waschens noch nicht erlebt. Aber sie blieb eine scharfe Beobachterin, ihr entging nichts. „Und es graust di doch!" rief sie plötzlich. Ich hatte nur ein wenig das Gesicht verzogen. „Geh, nun sei doch nicht so empfindlich, Franzi, ich darf es ja auch nicht sein." Urplötzlich schlang sie die Arme um mich:

„Bist mir net bös, ha?" – „Nein, Franzi, kein bißchen!"

Als sie nach einer Stunde mit ihren drei Zimmergenossinnen am gemeinsamen Frühstückstisch saß, schimpfte sie schon wieder lauthals, weil das Frühstück noch nicht zur Stelle war. Ich schaute sie nur an. „Ja, ja, i woaß schon, jetzt muaß i ruhig sein, weil i mi vollgschissen hob!" – „Nein, Franzi, das mußt du nicht", rief ich und nahm sie schnell in die Arme. „Das kann jedem passieren, und wer weiß, wann ich selber soweit bin." Sichtlich genoß sie die Liebkosung und tätschelte meine Wange. Ganz spontan sagte sie dann: „Geh, aber wennst die Liesi siehst, dann sagst mirs!"

Statt zu antworten, verabschiedete ich mich rasch.

4. Kapitel

Schmerzensschreie

Ich hatte meine freien Tage und alle Hände voll zu tun, denn Kathi und Günther hatten inzwischen ihren Hochzeitstermin festgelegt. Die sechs Wochen Ausbildungszeit in Branneburg waren schnell vergangen, und Günther war nun nur noch sechzig Kilometer von zu Hause entfernt stationiert. Das freute Kathi und mich natürlich. Andererseits waren wir in großer Sorge, denn vor der Hochzeit sollte er noch an einem großen Manöver teilnehmen. Des öfteren hatte ich in der Zeitung von tödlichen Unfällen gelesen. Grund genug für ein paar schlaflose Nächte.

Sicher lag meine fast krankhafte Angst um meine Söhne auch daran, weil ich meinen ersten Sohn, der Kinderlähmung hatte, verloren hatte. Dieses Ereignis war das schwerste in meinem Leben gewesen.

Ich nahm die Angst mit in meinen Nachtdienst.

Bereits als ich die Treppen zur Pflegestation hinaufging, hörte ich eine hohe Frauenstimme grauenvoll laut und monoton schreien. Schwester Thea kam mir entgegen, sah mein Gesicht und berichtete von dem neuen Patienten. „Seit heute nachmittag ist Herr Kasmir da, und seither schreit er so." Der nicht enden wollende Ton war durchdringend hoch. Ich erschrak: „Das kann er doch nicht durchhalten!" – „Sagen Sie das nicht", sagte Schwester Thea ernst. „Er hält es bereits zwei lange Jahre durch. Seine Angehörigen sind jetzt so entnervt, daß sie ihn zu uns bringen mußten." – „Und was fehlt ihm?" wollte ich wissen. „Multiple Sklerose, total gelähmt, völlig abgemagert, er ist so wundgelegen, daß man fast schon den Knochen sehen kann." – „Reicht schon, Schwester Thea", unterbrach ich sie. „Gehen wir gleich mal zu ihm hinein!" – Schwester Thea ging voran und berichtete weiter: „Sein Hausarzt wollte heute noch vorbeikommen, um mir genau zu sagen, welche Medikamente er haben soll. Ich hoffe, daß er dann ein wenig ruhiger wird." – „Warum hat man den Medikamentenplan nicht gleich mitgeschickt?" Ich spürte, wie ich ärgerlich wurde. Immer wieder kam es vor, daß man uns Patienten ohne Bericht einlieferte, und Schwester Thea war viel zu gewissenhaft, als daß sie irgendein Medikament verabreicht hätte, ohne vorher mit dem zuständigen Arzt gesprochen zu haben. Oft hatten wir den Verdacht, daß man die Alten und hoffnungslos Kranken nicht ernst genug nahm.

Jetzt stand ich vor Herrn Kasmir: ein etwa fünfunddreißigjähriger Mann mit einem schmerzverzerrten Gesicht, das nur noch aus Haut und Knochen bestand. Große, unruhig nach Hilfe suchende Augen sahen mich an. Nur für einen Moment hatte Herr Kasmir sein monotones Schreien unterbrochen. So kurz dieser Moment war, es war eine Wohltat. Als er mich gemustert hatte, schrie er weiter, im gleichen hohen Tonfall. Kurze

Zeit darauf kam sein Hausarzt. Beim Anblick dieses völlig gestreßten Arztes vergaß ich all meine bitteren Gedanken. Er nahm es sehr genau und verschrieb Herrn Kasmir starke schmerzlindernde Medikamente. Aber wo sollte ich jetzt am Abend noch das Rezept einlösen? Ich durfte das Haus nicht verlassen. „Also wieder einmal den Chef belästigen!" murmelte ich vor mich hin. „Ach, geben Sie das Rezept her, das macht den Kohl auch nicht mehr fett!" murrte der Doktor. Ich bedankte mich, als er kurze Zeit danach mit der Arznei hereinkam. Skeptisch meinte er: „Es kann sein, daß Herr Kasmir heute nacht noch nicht auf die Medikamente anspricht, weil wir nicht sofort eine starke Dosis verabreichen dürfen. Also Geduld ist angesagt, liebe Schwester!"

Zahnersatz

Ich begann meine Rundgänge.

Schneewittchen lag weiß wie Wachs in ihren Kissen und wälzte sich unruhig. Ob sie Schmerzen hatte? Jetzt bekam sie schon die stärksten Mittel. Eine Folge davon war freilich auch, daß sie kaum noch ansprechbar war und meistens schlief. Lange konnte es nicht mehr dauern, bis sie erlöst sein würde.

Lautes Gezeter aus dem Zimmer, in dem Herr Schweiz und Herr Ebert lagen. Hatte Herr Schweiz wieder einmal seinen Wutanfall? Als ich ins Zimmer kam, mußte ich mir das Lachen verbeißen. Herr Schweiz stand schuldbewußt an Herrn Eberts Bett. Herr Ebert hielt sich die Hand an den offensichtlich schmerzenden Mund. Herr Schweiz hatte ihm einen Zahn ausgeschlagen.

Als Herr Ebert gerade damit anfangen wollte, mir alles zu erzählen und ich die groteske Lücke sah, war es um meine Beherrschung geschehen. Ich lachte wieder einmal im falschen Moment. Gott sei Dank, konnte Herr Ebert nach der ersten Empörung mitlachen. „Aber den Zahn muß er mir ersetzen!" konnte er sich nicht verkneifen. „Na klar!" lachte ich immer noch. Herr Schweiz schlich schuldbewußt in sein Bett und rührte sich die ganze Nacht nicht mehr.

Dafür schrie Herr Kasmir noch einige Stunden, bis er endlich eingeschlafen war.

Liesis Fluchkaskaden

Als ich am Morgen meinen „Berggeist", die Liesi, waschen wollte, erschrak ich. Schon als ich eintrat, zeterte sie, schrie mich an, die Hand an ihre Stirne gepreßt. „Was hast mir du wieda otan?" Sie hatte den Galgen über ihrem Bett abgerissen – ich weiß nicht, wie ihr das gelungen war – und hatte eine riesengroße Beule auf der Stirn, die sie offensichtlich schmerzte. „Des derfst ma glaubn, wenn des de Franzi siegt, na derfst schaugn, daß du Boden gwinnst, die fotzt di gscheid!" – „Aber Liesi, was kann ich denn dafür, wenn du den Galgen runterreißt?" verteidigte ich mich. „Tua ma zerscht net so a Glump her, dann kann i mir mein Schädel net ohaun!" Ihre Stimme hatte sich vor Zorn überschlagen, und ich mußte wieder einmal schallend lachen. „Ja, du Kruzefixsau, du meineidige!" Ich erinnerte mich dunkel, daß Franzi ihre Schwester als besonders vornehm beschrieben hatte. Fluchtartig verließ ich vor diesen überraschenden Fluchkaskaden das Zimmer und hoffte, daß Liesi sich in meiner Abwesenheit ein wenig beruhigen würde.

Weit gefehlt. Sie wartete nur, bis ich wieder in ihr Zimmer kam. Als ich mit dem Waschen beginnen wollte, sagte sie: „Jetzt geh amol her, dann hau i dir dei blöds Hirn ei, damit'st amol siegst, wia des tuat!" Und eh ich mich versah, hatte sie mir ihre kleine Faust an den Kopf geschlagen. Kaum zu spüren war ihr kraftloser leichter Schlag, aber ich tat, als ob es schmerzte. „Jetzt scheiß da dein Wadln net o, aber wann i an gschwollenen Kopf hab, na derfst du a segn, wia des is, und lacha brauchst du net so dumm." – „Hast recht, Liesi, ich tu's auch nie wieder!" – Sie beobachtete mich genau, ließ sich heute aber anstandslos waschen. Als ich fertig war, fragte sie: „Na, was moanst, san ma wieda guat?" Ich hielt meinen Kopf, machte ein schmerzverzerrtes Gesicht und sagte: „Na ja, ist recht!"

Tränen vor der Wahl

Seit einigen Wochen hatte ich am Morgen Frau Kirchner zu waschen. Als sie nach einem Schlaganfall zu uns gekommen war, hatte sie fast nichts reden können. Meine Kollegin Susi und ich hatten unermüdlich Übungen mit ihr gemacht und auch Erfolg gehabt. Das Sprechen wurde von Tag zu Tag besser. Frau Kirchner dankte es uns mit dem großen Vertrauen, das sie uns entgegenbrachte. Stolz erzählte sie mir oft von ihren gutgeratenen Söhnen. Heute spürte ich gleich, daß sie etwas bedrückte. Sie druckste herum und wußte nicht, wie sie anfangen sollte. Endlich stotterte sie: „Schwester Elfi!" – „Ja, Frau Kirchner, haben Sie noch etwas auf dem Herzen?" Ich war bereits mit dem Waschen fertig und setzte mich an den Rand ihres Bettes, denn das hatte sie ganz besonders gern. „Jetzt sind doch wieder die Wahlen!" begann sie. „Ja, Frau Kirchner, bei uns können Sie per Brief wählen. Wenn Sie wollen, helfe ich Ihnen dabei!"

Ich merkte, wie plötzlich ihre Augen feucht wurden. „Ich würde gern wählen, aber ich kann nicht." Jetzt kullerten dicke Tränen über ihr Gesicht: „Mein jüngster Sohn hat mich nach dem Schlaganfall entmündigen lassen!" – „Warum denn das?" fragte ich ungläubig. „Ich habe immer die Partei gewählt, die er nicht mochte, und wenn ich nicht sprechen könne, meinte er, hätte das alles sowieso keinen Sinn!" Ich schaute so zweifelnd, daß sie bekräftigte: „Wenn Sie mir nicht glauben, können Sie sich erkundigen!" – „Das werde ich tun, das verspreche ich Ihnen!" Ich machte mir meine Gedanken und glaubte, Frau Kirchner sei etwas verkalkt. Aber versprochen war versprochen. Ich fragte also in der Verwaltung nach. Zu meinem Entsetzen erfuhr ich da, daß Frau Kirchner die Wahrheit gesagt hatte: Ihr Sohn hatte sie entmündigen lassen.

Das machte mich so zornig, daß ich mir vornahm, auf die Barrikaden zu gehen. Zunächst kontaktierte ich Frau Kirchners alten Hausarzt. Dr. Stein reagierte genauso wie ich. „Denen werde ich das Gesundheitsamt auf den Hals schicken, Schwester Elfi. Und wenn es das letzte ist, was ich vor meiner Pensionierung tun werde. Die Entmündigung machen wir rückgängig!" Ich war zufrieden, wußte ich doch, daß der Arm eines Arztes einen längeren Hebel bedienen konnte als der einer Schwester. Doktor Stein war bekannt dafür, daß er für das Recht seiner Patienten sorgte, und tatsächlich, es dauerte nicht lange, und er setzte durch, daß Frau Kirchners Entmündigung rückgängig gemacht wurde.

Am Wahlsonntag zog ich Frau Kirchner ganz besonders schön an und brachte sie selber mit dem Rollstuhl in das Wahllokal. Sie weinte vor Freude, als sie ihren Stimmzettel abgegeben hatte. Ich weinte aus lauter Sympathie mit.

5. Kapitel

Hochzeit mit Schrecken

Endlich war es soweit: Kathi und Günther standen vor dem Traualtar in der Kapelle des Altenheimes, und mein Chef, der geistliche Direktor, traute die beiden.

Mein Junge war überglücklich, und ich hatte eine liebe Tochter dazubekommen.

Die Kapelle war bis auf den letzten Platz besetzt. Zur Hälfte von Angehörigen. Die Familie war gewachsen. Für die anschließende Feier hatten wir einen großen Saal in einem Lokal gemietet. Es wurde ein unvergeßlicher Tag für alle Beteiligten. Gegen zweiundzwanzig Uhr verließ ich das Fest. Etwas enttäuscht war ich von mir, weil ich zwar eine Nacht durcharbeiten konnte, war aber offensichtlich unfähig, eine Nacht durchzufeiern. Der junge Ehemann gab mir einen Kuß auf die Wange und sagte: „Geh nur, Mutter, erhol dich, wir danken dir für all die Mühe, die du dir gemacht hast."

Nachdem ich meinem Mann Bescheid gegeben hatte, schlich ich mich heimlich davon.

Irgendwann in der Nacht läutete es Sturm an der Wohnungstür. Ich schaute in das Bett neben mir. Mein Mann war noch nicht da. Sicher ist er noch auf der

Hochzeit, dachte ich. Als ich die Haustür einen Spalt geöffnet hatte, sah ich unseren Nachbarn Wickerl vor der Tür stehen. Er machte einen völlig verstörten Eindruck. „Was ist los, Wickerl, warum gehst du nicht in deine Wohnung, ist etwas passiert?" Wickerl druckste verlegen herum. „Heraus mit der Sprache. Was ist los?" Eine plötzliche Angst packte mich. „Dein Mann!" – „Was ist mit meinem Mann?" fragte ich und ahnte doch schon das Unheil. „Dein Mann ist total besoffen!" – „Unsinn, Wickerl, das würde er nie tun, der trinkt keinen Tropfen Alkohol mehr!" – „Da hast recht, ein Tropfen war des nimmer, der ist voll wie tausend Mann!" – „Das glaube ich dir nicht. Die Kinder hätten ihn daran gehindert!" – „Ja, der ist ja nicht mehr auf der Hochzeit, der sitzt in der Bahnhofswirtschaft, genau da, wo er früher immer gesoffen hat."

Ich fühlte, wie mir schwindelte.

Wickerl sah mich mitleidig an. Mitleid, das war für mich das Schlimmste in diesem Moment. „Danke, Wickerl, es wird schon nicht so schlimm sein." Mehr konnte ich nicht sagen. Ruckartig schloß ich vor ihm die Tür. Eilig zog ich mich an und rannte, so schnell ich konnte, in Richtung Bahnhof. Unendlich lang kam mir der Weg vor, und während ich rannte, liefen die vergangenen Jahre vor meinen Augen ab. Angstschweiß brach am ganzen Körper aus. Mir war klar: Was hinter mir lag, das würde ich nicht noch einmal ertragen.

Bevor ich die Kneipentür öffnete, holte ich noch einmal tief Luft. Und dann stand die Vergangenheit als Gegenwart vor mir.

Die Haare hingen ihm unordentlich ins Gesicht. Er lallte. Das Hemd war geöffnet und die Krawatte wie damals mit Flecken von Essensresten beschmiert. Ja er grölte sogar die gleichen Lieder, wie immer, wenn er völlig betrunken war. Ekel stieg in mir hoch. Jetzt sah er mich. Schwankend kam er auf mich zu. „Komm, Herzi, setz dich zu uns, wir feiern gerade Wiedersehen!"

Ich sah ihn nur an, drehte mich um und stürzte wieder hinaus ohne ein Wort. Unser Auto stand auf dem Parkplatz. Ich stieg ein und fuhr nach Hause. Meine Beine trugen mich nicht mehr, ich ließ mich im Wohnzimmer in den nächsten Sessel fallen. Jetzt würde also alles wieder von vorn anfangen. An Schlaf war nicht zu denken. In mir war eine schreckliche Leere. Ich wollte beten und konnte nicht.

Als er gegen Morgen kam, hatte er Mühe, die Tür aufzuschließen. Es waren die bekannten Geräusche. Ich hatte geglaubt, für immer sei dies Vergangenheit, vorbei. Er sprach kein Wort, legte sich angezogen nieder und schlief sofort ein. Der Alkoholgeruch weckte die dunkelsten Erinnerungen.

Gegen Mittag wachte er auf, kam in die Küche und tat, als sei nichts geschehen. Ich sah ihn an, nicht vorwurfsvoll, aber mit Sorge. „Speiübel ist mir", sagte er, „ich vertrage wirklich keinen Alkohol mehr. Hast du eigentlich gestern abend das Auto mitgenommen?" – „Ja, in deinem Zustand hättest du ja doch nicht mehr fahren können", sagte ich ernst. „Da hast du recht", lachte er. „Aber jetzt habe ich die Nase wieder gestrichen voll." Er sah mich unsicher an, kam langsam auf mich zu: „Jetzt schau doch nicht so unglücklich, Elfi, ich kann mir ja denken, was du gefühlt hast. Aber du brauchst wirklich keine Angst zu haben. Zum Alkoholiker werde ich nie wieder." Ich antwortete nicht, dachte nur: Du dummer Kerl, auch wenn du jetzt trocken warst, Alkoholiker bleibst du immer, das ist nun einmal so. Ich tat jedoch, als glaubte ich ihm. Aber ich wußte: Ein einziges Glas Bier konnte der Rückfall in die Hölle der Sucht sein.

Ich ließ mir in der darauffolgenden Zeit nicht anmerken, wie unsicher ich geworden war.

Aber mein Mann arbeitete in seinem Beruf und auch in der Suchthilfe gewissenhaft weiter. Alles schien sich einzurenken.

Langsam fand ich mein Gleichgewicht wieder.

Frau Mehlsack macht Geschichten

Heute begann wieder mein Nachtdienst. Schwester Hanna kam mir völlig aufgelöst entgegen. „Du lieber Gott, Elfi, ich bin total geschafft. Frau Mehlsack hat ihr Wütchen. Sie hat sich gerade die Kleidung vom Körper gerissen, angeblich ist ihr alles zu eng!" Ich kannte Frau Mehlsacks Tick und versuchte zu beruhigen: „Macht nichts, Schwester Hanna, lassen Sie sie nur ein wenig toben, irgendwann wird sie sich wieder beruhigen, dann bringe ich sie ins Bett." – „Aber die läßt sich heute nicht ausziehen, man darf sie nicht einmal anrühren!" – „Ich weiß, wie sie ist, wenn sie schlecht gelaunt ist, Schwester Hanna, man muß sie dann nur in Ruhe lassen." Meine Kollegin warnte: „Nehmen Sie das heute nicht zu leicht, Elfi, so habe ich sie noch nie erlebt, mir sind die Fetzen ihres Kleides buchstäblich um die Ohren geflogen!" Hanna schaute verzweifelt. Statt sie weiter zu trösten, bekam ich, als ich mir vorstellte, wie Frau Mehlsack der

Hanna ihre Kleiderfetzen nachgeworfen hatte, meinen Lachanfall. Hanna kannte mich ja nun bereits jahrelang und wußte, daß man mir da nicht helfen konnte und daß ich nicht ansprechbar war, bis ich mich ausgelacht hatte. Im übrigen lachte sie selber gern und hielt es daher für angebracht mitzulachen. Ich mochte es gern, wenn Schwester Hanna Spätdienst hatte. Lieber ging sie eine Stunde später nach Hause, als daß sie es versäumte, noch einmal durch alle Zimmer zu gehen, um sich davon zu überzeugen, daß sie nichts übersehen hatte.

Als ich meine wichtigsten „Amtshandlungen" erledigt hatte, ging ich sofort in das Vierbettzimmer. Frau Mehlsack saß mit hochrotem Kopf und zerrauften Haaren in ihrem alten Lehnstuhl und sah mir angriffslustig entgegen. Ihre drei Zimmergenossinnen machten einen verstörten und eingeschüchterten Eindruck.

Sofort rief Frau Mehlsack mit ihrer tiefen Männerstimme: „Noch so 'n Aas, hau bloß ab!" Ich tat, als ob ich nichts gehört hätte, und fragte freundlich: „Wollen Sie noch ein wenig aufbleiben, Frau Mehlsack?" Erstaunt sah sie mich an und antwortete etwas zugänglicher: „Ja, aber zieh mir den Morgenmantel an, mir ist kalt!" – „Gern, wollen Sie den Morgenrock über den Unterrock anziehen, oder wollen Sie zuerst das Nachthemd anziehen? Meinen Sie nicht, daß das besser wäre, wenn ich Ihnen gleich ein Nachthemd anziehen würde?" fragte ich freundlich. „Meinetwegen zieh mir ein Nachthemd an, aber kein enges!" maulte sie. Ich war schon zufrieden, daß sie sich wenigstens ausziehen ließ, und suchte aus unseren Wäschebeständen ein Nachthemd mit Übergröße heraus: „Na siehste, du Aas, warum haste das nicht gleich so gemacht? Für euer enges Gelumpe bin ich nicht zu haben. Jetzt will ich noch ein wenig sitzen bleiben!" sagte sie schon verträglicher. „Gut, Frau Mehlsack, ich schaue später wieder zu Ihnen herein und bringe Sie zu Bett." – „Brauchste nicht, ich läut' schon selber!" – „Ist recht, Frau Mehlsack. Was macht eigentlich meine Hühnerbrühe, die Sie mir letztens versprochen haben?" Fragend lächelte ich sie an. „Ach, du Aas vergißt aber auch nichts, dir werd' ich schon noch mal was anbieten!" Sie drohte mit dem Finger. Jeden Morgen, wenn sie mit dem Waschen zufrieden war, versprach sie, mir eine Hühnersuppe zu kochen, und freute sich, wenn ich sie von Zeit zu Zeit daran erinnerte. Die Situation hatte sich also entspannt. Schnell machte ich noch einen Rundgang. Franzi schimpfte gerade wieder zu Frau Fischer hinüber: „Hör bloß du heit mit deiner bleeden Singerei auf, i kimm umi und fotz di sonst wiast das brauchst!" Frau Fischer verstummte sofort. Daß man Frau Meindl beim Beten nicht stoppen konnte, hatte die Franzi eingesehen und betete manchmal sogar wieder mit.

Kurzes Bein und Kußhand

Nach einer Stunde läutete Frau Mehlsack. Um sie nicht lange warten zu lassen, ging ich rasch zu ihr und half ihr aus dem Sessel heraus. So gut sie konnte, half sie mit. Das lange Sitzen hatte ihre Glieder offensichtlich steif gemacht, denn sie stöhnte und hinkte bedenklich. Mit Mühe und Not erreichten wir ihr Bett. Sie setzte sich auf die Kante, und ich versuchte, ihre schweren Beine anzuheben. Mir fiel auf, daß sie wieder sehr erregt war.

Ohne Vorwarnung brüllte sie los: „Mein Bein, ich habe ein kürzeres Bein, du Aas hast mir mein langes Bein weggenommen!" Durch das lange Sitzen waren der neunzigjährigen Dame die Beine lahm geworden, und nun hatte sie das Gefühl, ein kürzeres Bein zu haben.

Unten läutete die Hausglocke. Dem Berichtsbuch hatte ich entnommen, daß noch ein Arzt kommen wollte.

Nachdem ich ihn hereingelassen hatte, fragte er befremdet: „Sagen Sie, Schwester, wer schreit denn da so entsetzlich?" Frau Mehlsack schrie immer noch nach ihrem langen Bein und bedachte mich mit den häßlichsten Schimpfworten. Der Arzt machte große Augen. Wieder einmal mußte ich mir das Lachen verbeißen, als ich ihm die Geschichte vom kurzen Bein erzählte. Er hörte zu und meinte: „Wenn die die ganze Nacht so weiterbrüllt, kann hier doch niemand schlafen. Soll ich nach ihr sehen?" – „Das wäre sehr lieb von Ihnen, Herr Doktor." Ich fand seine Hilfsbereitschaft besonders nett, zumal sie gar nicht seine Patientin war. „Das mache ich um der Nachtruhe willen!" schmunzelte er.

Als er die Tür öffnete, schaute ihm Frau Mehlsack erregt entgegen. Freundlich grüßte er: „Guten Abend, Frau Mehlsack! Ich bin der Beinlangzieher und soll mir Ihr kurzes Bein einmal ansehen!" Auf diesen Ausdruck war ich nicht gefaßt und konnte mir daher mein Lachen wieder nicht verkneifen. Frau Mehlsack aber war von dem Beinlangzieher so beeindruckt, daß sie gar nichts bemerkte. „Ach Gott, ach Gott, was sind Sie für ein liebenswürdiger Herr!" rief sie hocherfreut. Der Arzt bat sie nun: „Zeigen Sie doch das kurze Bein einmal her!" Willig streckte Frau Mehlsack Ihr Bein unter der Bettdecke hervor. Der Doktor zog einmal kräftig daran und sagte dann fröhlich: „So, gnädige Frau, ihr Bein ist jetzt wieder in Ordnung!“ Frau Mehlsack war entzückt. „Was bin ich jetzt schuldig, lieber Herr?“ flötete sie. „Nichts, das habe ich doch gerne für Sie getan!“ sagte er liebenswürdig.

Frau Mehlsack setzte sich im Bett auf, deutete zu mir her und rief: „Aber das Aas da drüben nehmen Sie mit, sonst macht sie mir mein Bein wieder kürzer!“ Jetzt war es endgültig um unsere Beherrschung geschehen.

Als ich Frau Mehlsack am Morgen wusch, hatte sie die Geschichte mit dem kurzen Bein bereits vergessen und war guter Dinge. „Willste heute Plinsen haben?“ fragte sie mich. „Plinsen?“ fragte ich. „Die Bayern sagen Reiberdatschi dazu!“ – „Ach, Sie meinen Kartoffelpuffer. O ja, die esse ich sehr gern!“ – „Na gut, wenn mich meine Tochter nach Hause holt, kriegste welche! – „Na, da freue ich mich schon darauf, Frau Mehlsack. Sie machen sie sicher besonders gut.“ – „Kommste heute abend wieder?“ fragte sie, als ich mich verabschiedete. „Aber freilich, ich freue mich doch, wenn ich Sie wiedersehe!“ – „Na dann tschüs!“

Sie warf mir eine Kußhand zu.

Ich erledigte noch meine Eintragungen und fuhr nach Hause.

Ich spürte sofort die Unruhe und den Ärger, der im Raum war, als ich eintrat. Mein Mann lief im Wohnzimmer auf und ab. Der Nachbar saß stumm am Frühstückstisch und sah ihm unsicher zu. „Warum bist du heute nicht in der Arbeit, Wickerl?“ fragte ich ihn.

Mein Mann antwortete für ihn: „Gefeuert haben sie ihn, weil er sich wieder hat vollaufen lassen. Aber jetzt mag ich dir keine neue Arbeitsstelle mehr besorgen, ich muß mich ja für dich schämen. Ich werde eine neue Entziehungskur für dich beantragen!“ Wickerl zeigte keine Reaktion. Ihm war alles egal. Er sah keinen Halt mehr. Darum hielt ich gar nichts von einer Entziehungskur. Aber mein Mann bestand darauf. Wickerl fuhr tatsächlich bald wieder los. Schon kurze Zeit danach bekam er einen Schlaganfall und starb. Mein Mann kam lange nicht darüber hinweg. Wickerl war ihm durch eine gemeinsame Krankheit nahegekommen, er war ihm zum Freund geworden.

6. Kapitel

Ein Schlag fürs ganze Haus

Als ich am Abend der Beerdigung meinen Dienst antrat, weinte Schwester Thea herzzerreißend. Ich brauchte erst gar nicht lange zu fragen. Schwester Hanna sagte: „Schwester Anna ist heute nachmittag im Krankenhaus gestorben!"

Ich mußte mich setzen. Die Tränen schossen mir in die Augen. Ich hatte die Hoffnung nie aufgegeben, daß sie vielleicht doch noch gesund werden würde. Der Tod der Heimleiterin war ein harter Schlag für uns und das ganze Haus.

Vorläufig übernahm eine Vertreterin die schwierige Arbeit. Sie tat das mit viel Humor und Hingabe. Aber das war keine Dauerlösung, denn sie wurde dringend in der Sozialstation gebraucht.

Eines Tages stellte sich dann eine zierliche, aber recht resolute kleine Frau vor. Sie reichte mir die Hand und sagte: „Ich bin Frau Huber, die neue Heimleiterin, und hoffe, daß wir gut zusammenarbeiten werden!" – „Das hoffe ich auch!" sagte ich höflich. Sie machte keinen schlechten Eindruck, nur wirkte sie auf mich viel zu forsch und zu tüchtig.

Die Intrigantin

Es dauerte nicht lange, kaum zwei Wochen, da stand sie eines Abends, als ich gerade meinen Dienst begonnen hatte, im Stationszimmer. „Ich muß Sie dringend sprechen!" begann sie. „Gern", sagte ich und wollte ihr gerade zuhören, als Franzi mit ihrem Gehwägelchen in der Tür erschien und rief: „Da geh her, ich brauch' dich!" Ich entschuldigte mich bei Frau Huber und fragte Franzi: „Was ist denn los, Franzi, fehlt dir etwas?" Frau Huber unterbrach uns und sagte in Franzis Gegenwart: „Habe ich da recht gehört, Sie duzen die Patientin?"

„Üblich ist das nicht bei uns. Aber Frau Seidelmeier hat uns von vornherein darum gebeten." – „Das ist mir egal, ich wünsche das nicht!" rief sie ärgerlich. Ich wollte gerade etwas dagegen sagen, aber ich kam nicht mehr zu Wort. Denn Franzi hatte sich vor Frau Huber aufgebaut und hielt sich die Hand an die Stirn. „Was bist jetzt du für a blöde, ha? Geht des dich Gartenzwerg was o, wia wir zwoa miteinander redn, ha? Gleich kannst a paar fangen, wennst dei saudumma Goschn noch amal aufreißt!" Drohend hatte sie die Faust erhoben und wandte sich jetzt wieder an mich. „Laß doch des Rindviech jetzt stehn und kimm her!"

Ich schob die Franzi zur Tür hinaus und fragte sie, was es jetzt so Dringendes gäbe. „Ja woast, bei mir war heit a Doktor und hat mi genau untersucht. Mei, der hat überhapts koane Hoor nimma ghabt. Dann hab i gfragt, warum daß er scho plattert is, dann is er glei bös worn. Dann hab is's eam aba gebn. Was bildst da du weißmantleter Hamperer eigentlich ei, hab i gsagt. Du scheißt a koan andern Dreck net wia i! Hab i gsagt. Mei da hätt'st den sehn sollen. Der is aufganga wia a Brezn!" – „Das glaube ich dir, Franzi, aber warte noch ein bißchen, ich komme später zu dir. Ich muß erst zu der Heimleiterin hinein. Die will mit mir reden." – „Was, die Kloa da drinnen is a Heimleiterin? Na Servus, da hob i sauber in Dreck neig'langt. Habts koa andere net, ha?"

„Nein, Franzi, wir haben keine andere. Aber jetzt geh, ich komme dann!" Franzi schlich mit schlechtem Gewissen von dannen.

Frau Huber sprach das Thema Franzi nicht mehr an. Sie kam gleich zur Sache.

„Ich habe die Absicht, gegen den Herrn Direktor vorzugehen!" – „Und warum das denn?" fragte ich verblüfft. „Ich habe in der Großküche alte ausgediente Töpfe gefunden und fotografiert, mit denen man nicht kochen darf!" Wenn ich auch über das, was außerhalb meines Dienstbereiches lag, sehr wenig wußte, eins war mir klar: Unser Chef achtete im ganzen Pflegebereich auf peinlichste Sauberkeit. Ich stemmte die Hände in die Hüften und sagte, vielleicht ein wenig zu aggressiv: „Es wird überall mal irgendwann ein Topf ausgedient haben. Sagen Sie es dem Herrn Direktor, und nicht mir! Sie werden bestimmt neue Töpfe bekommen. Im übrigen geht mich das gar nichts an. Ich habe hier nachts meine Arbeit zu tun!" Etwas kleinlaut erwiderte sie: „Das weiß ich. Ich möchte auch von Ihnen nur eine Unterschrift, daß Sie mit dem Herrn Direktor nicht mehr einverstanden sind. Vielleicht können Sie mir sagen, was im Nachtdienst nicht in Ordnung ist!" – „O, ja, das kann ich!" fuhr ich sie an. „Es stört mich kolossal, wenn hier nachts jemand aufkreuzt, um mich bei meiner Arbeit zu stören und mich gegen einen Mann aufzuwiegeln, der Tag und Nacht für Arme, Kranke, Waise, Süchtige und Behinderte da ist. Von mir können Sie höchstens eine Unterschrift bekommen, um diesen Mann zu entlasten. Ich bin mit ihm zufrieden. Wir haben es hier schwer genug. Quertreiber wie Sie können uns nur schaden!" Einige Male hatte sie versucht, mich zu unterbrechen, aber ich ließ es nicht zu. „Nun gut", sagte sie, „dann werden wir uns auch von Ihnen trennen müssen!"

In aller Ruhe knöpfte ich meine Schwesternschürze auf und fragte: „Soll ich sofort gehen, oder räumen Sie mir eine Kündigungsfrist ein?" Sie sah mich erschrocken an und sagte: „Sie hören noch von mir!" und verließ eilig das Stationszimmer.

Die ganze Nacht über konnte ich mich nicht beruhigen. Da war sie erst so kurze Zeit bei uns, und schon fing sie an, gegen den Chef zu intrigieren.

In der darauffolgenden Zeit grüßten wir uns zwar kühl, aber auf ein Gespräch mit ihr ließ ich mich nicht mehr ein. Auch mochte ich dem Direktor nichts erzählen. Ich glaubte, daß er mit der Frau genug Sorgen hatte.

Einige Tage später erhielten alle Angestellten des Hauses ein Schreiben vom Chef, in dem er uns mitteilte, daß Frau Huber es vorgezogen hätte, das Arbeitsverhältnis noch in der Probezeit in beiderseitigem Einvernehmen zu beenden.

Wieder ein paar Tage später, während des Nachtdienstes, kam eine Tagschwester zu mir und forderte mich auf, mit allen anderen Schwestern des Hauses vom Chef zu verlangen, daß er Frau Hubers Wünsche respektiere und ihre Kündigung rückgängig mache.

Ich wehrte mich: „Kommt überhaupt nicht in Frage, mit mir könnt ihr da nicht rechnen. Wenn der Chef eine Entscheidung trifft, dann wird sie von mir akzeptiert. Im übrigen kümmere ich mich nicht um eure Intrigen!"

Das Arbeitsklima in der nächsten Zeit war vergiftet. Abgesehen von Schwester Thea und Schwester Hanna, die meiner Meinung waren, sprachen die Kolleginnen mit mir nur das Notwendigste.

Es tat weh, aber nicht allzuviel. Ich hatte ja die Patienten, mit denen ich mich unterhalten konnte und die ich liebhaben durfte.

Zu Hause in der Familie war auch alles in Ordnung. Das gab mir Rückhalt.

Die neue Heimleiterin

Eines Morgens wurde mir die neue Heimleiterin vorgestellt. O Gott, dachte ich, erst so eine Kleine und jetzt diese Walküre!

Obwohl sie sich anfangs viel Mühe gab, wurde ihre Laune schon nach kurzer Zeit zusehends schlechter. Streßsituationen war sie nicht gewachsen. Auf Krankmeldungen reagierte sie wütend.

Bereits am Morgen wirbelte sie mißgelaunt durch die Stationen und verdarb die Stimmung im Heim dadurch, daß sie alles Negative hochspielte. Sobald sie jedoch eine Schwester brauchte, die bereit war, Überstunden zu machen, konnte sie von bestechender Freundlichkeit sein.

Eine Episode war ausschlaggebend für mich, sie zu

meiden, wo immer es ging. Ich wusch am Morgen, kurz vor Dienstbeginn der Tagschwestern, gerade meine letzte Patientin, Frau Schwarz. Wir unterhielten uns dabei angeregt über die Heimat der Patientin. Sie war aus Rußland und sprach gern von zu Hause.

Ich mochte es, wenn sie erzählte, denn sie sprach mit einem reizenden Akzent und ihre Stimme klang wie die eines jungen Mädchens.

Plötzlich, mitten im Erzählen, wurde sie aschfahl. Ihre Nase wurde spitz. Dann war sie bewußtlos. Erschrocken rief ich immer wieder ihren Namen. Dann rannte ich los, rief den Direktor an und bat ihn, Frau Schwarz zu versehen. Als ich ihren Hausarzt alarmieren wollte, stand plötzlich groß und drohend die Heimleiterin vor mir, die gerade in den Dienst gekommen war, und schrie mich an: „Was wollen Sie hier an der Pforte, gehen Sie sofort auf die Station zurück!" Ich fing an zu stottern: „Aber ich brauche dringend den Notarzt für Frau Schwarz, die stirbt mir!" – „Gehen Sie an Ihre Arbeit, den Notarzt werde ich verständigen!" rief sie arrogant. „Aber bitte schnell, es eilt!" flehte ich.

„Ob es eilt, werde ich entscheiden!" brüllte sie mich an. Ich hörte gar nicht mehr hin, sondern rannte zurück auf die Station. Der Chef stand bereits am Bett von Frau Schwarz und betete die Sterbegebete. Frau Schwarz war schon tot.

Ich weinte so unbeherrscht, daß der Direktor mich tröstete: „So beruhigen Sie sich doch! Es war nicht zu verhindern! Gönnen Sie ihr doch den schönen Tod." Traurig erzählte ich ihm, wie Frau Brunner reagiert hatte. Er sagte kein Wort dazu.

Ich schlief sehr schlecht an diesem Morgen. Immer

wieder mußte ich an Frau Schwarz denken. Wie schnell sie gestorben war, von einer Sekunde zur anderen.

Unausgeruht kam ich am Abend ins Pflegeheim.

Ein neues Original

Wir hatten zwei Neuzugänge, Zenzi mit ihrer Frau Mama. Zenzi war ein Original. Fünfzig Jahre war sie alt und hatte eine Schar Puppen in ihrem Bett. Ihre fünfundsiebzigjährige Mutter bat uns sofort nach ihrem Eintreffen, ihre Tochter Zenzi zu duzen, da sie von Geburt an behindert und geistig ein Kind geblieben sei. Sie hatte ihr ganzes Leben im Rollstuhl zugebracht und würde sich nun fremd fühlen, wenn sie plötzlich mit „Sie" angesprochen würde.

Außerdem sollten wir sie ruhig mit ihrer Puppenschar spielen lassen, da sie es gewohnt sei, sie sogar mit ins Bett zu nehmen. Zenzi wurde im Pflegeheim untergebracht, und die Mutter erhielt in unmittelbarer Nähe der Tochter ein schönes Zimmer im Altenheim.

Ihr ganzes Leben lang wurde Zenzi von ihrer Mutter verwöhnt und im Rollstuhl herumgefahren, bis die alte Frau es nicht mehr konnte.

Morgens war die Mutter die erste auf der Pflegestation, um ihre Zenzi wie eh und je spazieren zu fahren.

Danach nahm sie sie mit sich ins Altenheim, um dort den Tag mit ihr zu verbringen.

Nachts war Zenzi mir eine große Hilfe.

Sie war in einem Vierbettzimmer untergebracht und läutete sofort Sturm, wenn etwas nicht in Ordnung war. Dafür war ich ihr sehr dankbar, denn dieses Zimmer war mit sklerotisch erkrankten Patientinnen belegt.

Bereits am ersten Abend läutete Zenzi. Frau Kandiz zog wieder einmal ihre Mitleidstour ab. Wer Frau Kandiz noch nicht näher kannte, glaubte ihr. Sie war bettlägerig und sah mit ihrem kleinen spitzen Gesicht bedauernswert aus. Tag und Nacht trug sie eine ihrer selbstgestrickten Zipfelmützen, die sie in fünf verschiedenen Farben besaß. Wehe, wenn diese Mütze vergessen wurde! Dann klagte Frau Kandiz sofort über Kopfschmerzen.

Sofort, als sie Zenzi gesehen hatte, fing sie an, kläglich zu jammern. „O, Gott, was habe ich für einen Hunger! Den ganzen Tag hab ich nischte zu beißen gekriegt!" Zenzi war empört.

Als ich das Zimmer betrat, stotterte Zenzi, von Mitleid gerührt: „D-d-d Frau da hat den ganzen Tag noch nichts zu essen gehabt!" – „Zenzi, das sagt sie jeden Abend!" – „A-a-a-ba vielleicht hats doch noch Hunger!" blieb Zenzi hartnäckig. Sie schaute so unglücklich, daß ich ihr zuliebe Frau Kandiz' Lieblingsschmankerl brachte: drei hartgekochte Eier. Verblüfft schaute Zenzi zu, wie gierig Frau Kandiz alle drei verschlang.

„M-m-mei, hat die noch an Hunger g'habt!" rief sie und blickte mich vorwurfsvoll an. Ich mußte lachen. „Hunger nicht, Zenzi, aber Appetit auf harte Eier!" Frau Kandiz zeterte weiter: „Mei, Schwester Elfi, heut' hat mir die Tagschwester die Gebärmutter herausgerissen und dann noch ein Loch in den Kopf geschlagen!" Ich mußte lachen und fragte: „Und wo hat die Schwester die Gebärmutter hingeworfen?" – „Wie soll ich das wissen, ich bin doch an das Bett gefesselt!" jammerte sie. Zenzi machte große Augen. Die Geschichte schien selbst ihr nicht ganz geheuer.

Angriff von Frau Krone

In dem Vierbettzimmer lag außerdem noch Frau Krone. Frau Krone war eine angriffslustige, kräftige Frau. Sie schlug, kniff und spuckte jeden an, der in ihre Nähe kam. Zwanzig Jahre lang war sie eine gefürchtete Gefängnisaufseherin gewesen. Seit einigen Jahren litt sie an der Alzheimerschen Krankheit. Auf den Beinen war sie noch recht flink. Wer ihr tagsüber auf dem Stationsgang begegnete, wich schleunigst aus, denn Frau Krone rannte grundsätzlich alles um, was sich ihr in den Weg stellte.

Wenn sie ihr Wütchen bekam, wurde uns Pflegekräften angst und bange. Sie war die einzige Patientin in unserem Haus, der ich einmal auf die Finger geschlagen habe, und zwar vor Schmerz. Eines Morgens versuchte Schwester Marianne sie anzuziehen. Aber sie wurde nicht mit ihr fertig und stöhnte laut. „Komm, Marianne, wir machen es zu zweit!" bot ich mich an. Frau Krone biß die Zähne zusammen und bot ihre ganze Kraft auf, um sich gegen uns zu stemmen. Gemeinsam drehten wir sie auf die Seite und versuchten, ihr die Windeln anzulegen. Es gelang Frau Krone, ihre Finger in meinen Oberschenkel zu krallen, in die Innenseite, wo das Fleisch am weichsten ist. Ich schrie auf vor Schmerz. Aber sie ließ nicht los. Da schlug ich ihr auf die Hand. Aber es nützte nichts. Marianne mußte ihre Finger einzeln aus meinem Oberschenkel herauslösen. Tagelang hatte ich dunkle Flecken am Bein. Wenn Frau Krone nachts aus dem Zimmer ging, läutete Zenzi sofort. Aus gutem Grund.

Doch eines Nachts war sie eingeschlafen und hatte

darum nichts bemerkt. Ich hörte eine Tür zuklappen und machte mich gleich auf den Weg.

Frau Krone war ins Nachbarzimmer gegangen. Ich kam gerade hinzu, als sie Frau Hoffmann würgen wollte, die erschrocken um Hilfe schrie. Mit Müh und Not konnte ich Frau Krone wieder zu Bett bringen.

Das war geschafft. Ich atmete tief durch. Zenzi läutete, sooft ihr etwas nicht geheuer schien. Und wenn sie auch oft blinden Alarm schlug, das nahm ich nach all diesen Erfahrungen gerne in Kauf.

7. Kapitel

Rückfall

Mein Mann war von seiner Firma zum Bezirksleiter befördert worden. Er war stolz und setzte sich noch mehr als vorher ein.

Bald jedoch fühlte ich, daß ihn diese Aufgabe völlig überforderte. Sein Erfolg fing an, sein Ruin zu werden.

Er wurde nervöser und fand nachts oft keinen Schlaf. Seine Arbeit in der Suchthilfe kam zu kurz, und schließlich gab er sie ganz auf.

Eines Tages veranstalteten seine Kollegen eine kleine Feier, bei der seine Beförderung ordentlich begossen wurde.

Er genierte sich einzugestehen, daß er keinen Alkohol mehr trank, und feierte feuchtfröhlich mit.

In der Nacht kam er, von seinen Kollegen gestützt, völlig betrunken nach Hause. Als er mein Entsetzen wahrnahm, rief er: „Schau nicht so dumm, bring Gläser und etwas zu trinken, wir feiern weiter!"

Entschlossen stellte ich mich vor seine Kollegen und sagte: „In unserem Hause gibt es keinen Alkohol, meine Herren! Aber es wird Ihnen sicher guttun, wenn ich Ihnen allen eine Tasse Kaffee mache, damit Sie mit klarem Kopf nach Hause fahren können. Denn soviel ich weiß, arbeiten Sie alle im Außendienst und brauchen Ihre Führerscheine noch!" – „So ist sie, die Trantüte", ekelte mein Mann. Seine Kollegen dagegen waren einverstanden. Bevor sie gingen, halfen sie mir sogar, meinen Mann zu Bett zu bringen.

Am Morgen kam er schlechtgelaunt in die Küche: „Was hast du dir dabei gedacht, mich so lächerlich zu machen? Die denken doch, daß ich völlig unterm Pantoffel stehe!" schimpfte er. „Ich hatte den Eindruck, daß deine Kollegen den Kaffee nötig hatten." – „Ach was! Du bist schuld daran, wenn sie mich jetzt alle auslachen!"

Jetzt ging es mit ihm bergab. Er war unversöhnlich. Regelmäßig alle vier Wochen kam er nun volltrunken nach Hause. Oft hatte ich gedacht, daß ich seine Sucht und die Umstände, die damit verbunden waren, nicht noch einmal ertragen würde. Ich hatte mich geirrt. Ich ertrug es wieder.

Gut war, daß die Kinder erwachsen und zum Teil sogar bereits außer Haus waren. Elfriede und Hansi waren tagsüber in der Arbeit und bekamen dieses Drama nicht so stark zu spüren.

Meine verheirateten Töchter rieten mir, mich zu trennen. Aber ich blieb dabei: „Ich werde Papa schon wieder hinkriegen. Wenn es nicht anders geht, wird er wieder eine Entziehungskur machen müssen!" – „Aber Mama, mach dir nichts vor! Papa ist labil, und im übrigen denk an Wickerl!" – „Wickerl hatte keinen familiären Halt. Bei Papa ist das anders!" versuchte ich einzuwenden, mußte ihnen im stillen aber recht geben.

An eine Trennung dachte ich jedoch nie. Das Versprechen „Bis daß der Tod euch scheidet", das ich einmal in der Kirche gegeben hatte, nahm ich sehr ernst. Ich war mir auch im klaren darüber, daß mein Mann im Falle einer Trennung in der Gosse landen würde. Ich wollte den Kampf gegen den Alkohol erneut aufnehmen und hoffte im stillen auf ein Wunder.

Mein Mann wurde immer aggressiver. Außerdem sorgten die Aufregungen des Nachtdienstes dafür, daß ich mich von Tag zu Tag schlechter fühlte.

Peinliche Begegnung

Viel Freude hatte ich an Franzi. Trotz ihrer ordinären Ausbrüche liebte ich sie, und sie erwiderte diese Zuneigung.

Ich kannte sie schon sehr genau und wußte, daß sie ihre immer sehr entschiedene Meinung nie zurückhielt und immer deutlich sagte, was sie dachte. Gelegen oder ungelegen.

Als ich an diesem Abend eintraf, waren Besucher im Haus, die eine Verwandte im Heim unterbringen wollten. Sie sahen sich zuerst die Station I an. Anschließend wollten die Damen noch in den zweiten Stock, um die dortige Station zu besichtigen. Schwester Thea hielt mich zurück und fragte: „Wissen Sie, ob die Franzi schon im Bett ist?" – „Nein, Schwester Thea, das weiß ich nicht. Ich bin eben erst gekommen. Aber sicher ist sie um diese Zeit noch auf und geht auf dem Gang auf und ab." Schwester Thea nahm mich zur Seite und sagte: „Die beiden Damen wollen nach oben, und die eine sieht ein wenig ausgefallen aus. Sie kennen doch die

Franzi, die wird sie gleich darauf ansprechen." – „Ich gehe gleich rauf und versuche mit Franzi in ihr Zimmer zu gehen!" versprach ich. Schwester Thea verwickelte die Damen in ein Gespräch und gab mir Gelegenheit, Franzi aus dem Gang zu schaffen. Als wir aber an der Tür waren, hörte Franzi die Besucherinnen bereits die Treppen heraufkommen. Sie blieb sofort stehen, zog mich am Arm und rief: „Horch, da kimmt noch wer!" – „Sei doch nicht so neugierig!" schimpfte ich. „Komm jetzt!" – „Ja, sag amol, bin i vielleicht dei Gfangene!" schrie Franzi laut. „I mecht jetzt sehn, wer da kimmt. Es is eh so fad da, den ganzen Tag!" Flink wie ein Wiesel rannte sie den Damen entgegen. Schwester Theas vorwurfsvoller Blick traf mich.

Franzi stand nun vor den beiden Damen und betrachtete sie ausgiebig von oben bis unten. Sie schob die jüngere weg und meinte: „Na ja, die kann ma lassen. Aba du, o mei, was unserm Herrgott net manchmal eifallt. Jetzt hast a so a schiafes Maul, und das muaßt da no ostreicha, daß an jeden gleich auffallt, du blöde du!" – „Franzi, sei still!" rief ich peinlich berührt. „Halt bloß du dei blöds Maul! Du muaßt ja an jeden schee toa. Aba i derf sogn, was i mir denk, und des da is a greißlichs Weib!" Hocherhobenen Hauptes sagte die Dame: „Also in diesem Stock möchte ich meine Mutter nicht unterbringen, wo sie so einem ordinären Weib ausgesetzt ist. Wir werden sie doch lieber unten in das Vierbettzimmer legen!" – Sie würdigte Franzi keines Blickes mehr und ging. „Schleich di nur, du Vogelscheuche!" rief Franzi ihr noch nach.

Schwester Thea drängte die Damen eilig die Treppen hinunter. Ich gab mir Mühe, Franzi zu beruhigen. „Hast ghört, ha?" fragte sie mich aufgebracht, „was mi die ghoaßn hot? Gleich renn i ihrer nochi und schmier ihr no a paar!" Da fuhr ich Franzi ärgerlich an: „So kannst du mit unseren Besuchern nicht umspringen. Du mußt verstehen, daß sie sich das Haus, in dem sie ihre Mutter unterbringen wollen, genau anschauen wollen. Und dann kommt so eine wie du daher und führt sich auf. Hättest du es zugelassen, daß man deine Mama ausschimpft?" Franzi schaute mich an und langte sich an den Kopf. „Sog amol, wos glaubst denn du eigentlich vo mir, ha? Mei Mama, die wär nie hier gelandet, die hätten mir, die Liesi und i, dahoam versorgt. Aba heit is des ja modern, daß ma die Leit, wanns alt san, aus dem Haus wirft." Franzi sah mich angriffslustig an. Ich nahm sie nur in die Arme und streichelte sie. Sagte doch diese schlichte Frau, was mir schon lange auf dem Herzen lag, mit einer Selbstverständlichkeit, daß ich ihr nicht mehr böse sein konnte.

Im Krankenhaus

Plötzlich fühlte ich, daß mir schlecht wurde. Ich ging ins Stationszimmer und hoffte auf eine ruhige Nacht. In der letzten Zeit fühlte ich mich oft schwach, glaubte aber, daß die ständigen Aufregungen mit meinem Mann schuld daran waren. Als ich mich am Abend darauf für den Nachtdienst fertigmachen wollte, wurde mir plötzlich schwarz vor Augen. Ich mußte mich schnell setzen. Gleich darauf bekam ich so starke Blutungen, daß ich nicht mehr wagte, mich zu bewegen. Ich rief meinen Chef an und bat ihn, kurzfristig für Ersatz zu sorgen.

Besorgt fragte er: „War der Arzt schon bei Ihnen? Soll ich ihn anrufen? Um uns machen Sie sich jetzt mal keine Sorgen. Ich werde schon jemand finden, der Sie vertritt!" Es war mir außerordentlich peinlich. Wo sollte er so spät am Abend noch eine Ersatzschwester herbekommen. Susi konnte man nicht zumuten, nach sieben Nächten noch weiter Dienst zu machen.

Als der Arzt zu mir kam, machte er ein ernstes Gesicht. „Ich schreibe Ihnen eine Überweisung zum Frauenarzt. Nehmen Sie die Angelegenheit nicht auf die leichte Schulter!" Er konnte mir vorübergehend mit einem Medikament helfen, so daß die Blutungen nicht mehr so stark waren und ich mir vornahm, am nächsten Tag wieder in den Nachtdienst zu gehen. Dennoch nahm ich seine Warnung ernst und ließ mich gründlich von einem Gynäkologen untersuchen. Was ich erfuhr, machte mir noch mehr Sorgen. Ich hatte ein übergroßes Myom, das unbedingt entfernt werden mußte. „Ich werde Ihnen gleich einen Termin im Krankenhaus besorgen, damit Sie morgen schon auf die Operation vorbereitet werden können!" – „Aber ich muß erst bei meiner Arbeitsstelle Bescheid geben, damit man dort für eine Ersatznachtwache sorgen kann!" – „Na gut, aber so schnell wie möglich, denn eins kann ich Ihnen jetzt schon sagen: Die Blutungen werden nicht mehr aufhören!"

Am nächsten Tag sprach ich mit Frau Brunner, der Hausleiterin. Sie reagierte hysterisch: „Ja wo soll ich jetzt so schnell Ersatz für Sie herbekommen? Da müssen Sie schon noch warten!"

Ich schwieg und hielt weiter durch. Doch die Blutungen wurden immer stärker und meine Kräfte immer weniger.

Eines Tages kam eine jüngere Kollegin, Schwester Sofie, zu mir und fragte: „Sag einmal, was hast du eigentlich? Früher hast du über alles lachen können. Jetzt schleichst du herum wie das Leiden Christi und fährst am Morgen, ohne dich mit uns zu unterhalten, nach Hause. Bist du krank?" Ich sagte nichts darauf, aber die Tränen schossen mir in die Augen. Schwester Sofie sah mich erstaunt an. Sie verstellte mir den Weg und rief die anderen Kolleginnen herbei. Da mir das Theater, das sie um mich machten, peinlich war, erzählte ich lieber gleich, was los war: „Ich muß operiert werden. Und Frau Brunner hat keine Ersatznachtwache, das ist alles!"

Schwester Sofie sah mich verblüfft an: „Das darf ja wohl nicht wahr sein!" rief sie. „Da wird doch wohl jemand zu finden sein! Und wenn's gar nicht anders geht, übernehme ich deinen Dienst!" – „Stell dir das nicht so leicht vor, Sofie! Du müßtest erst einmal einige Nächte mit mir wachen, damit ich dich mit allem, was nachts anfällt, vertraut machen kann." – „Einverstanden", sagte Schwester Sofie, „ich mache alles, was du willst!" Ich war gerührt, wollte ihr aber noch ein paar Tage Zeit zum Überlegen geben. Doch Frau Brunner kam bald darauf zu mir und sagte:

„Schwester Sofie wird Sie vertreten, Sie können schon morgen ins Krankenhaus gehen!" – „Ja ... aber ... ich muß sie doch zuerst einarbeiten", zögerte ich. „Das wird Schwester Susi machen." Mit einer so raschen Lösung hatte ich nicht gerechnet, war aber froh darüber, denn mein Zustand verschlechterte sich von Tag zu Tag.

Erst jetzt erzählte ich meinem Mann von der bevorstehenden Operation. Er reagierte wie erwartet: Noch am gleichen Abend ging er in seine Stammkneipe und betrank sich. Erst gegen Morgen kam er nach Hause, ruhte sich ein wenig aus und ging dann gleich wieder in die Kneipe. Bereits am nächsten Tag mußte ich ins Krankenhaus. Ich hoffte, daß mein Mann nun zu Hause bleiben würde, denn in der Regel brauchte er nach einer tagelangen Trinktour etwa drei bis vier Wochen Pause, um wieder zu sich zu kommen. Ich rechnete damit, daß er sich um die völlig verängstigte Elfriede kümmern würde. Das Mädchen war ständig in Sorge um mich. Ich versuchte ihr klarzumachen, daß die Operation völlig ungefährlich sei und sie sich nicht zu sorgen bräuchte. Es gelang mir jedoch nicht, sie zu beruhigen.

Am Abend vor der Operation besuchte mich die ganze Familie und sah mich so ernst an, daß ich plötzlich lachen mußte. „Glaubt ihr etwa, daß jetzt mein letztes Stündlein geschlagen hat?" Meine älteste Tochter Maria, die selbst Krankenschwester war, sagte: „Ach Mama, in so einem Moment merken wir wahrscheinlich alle, wie lieb wir dich haben!" Mein Mann weinte hemmungslos und versprach: „Wenn du wieder nach Hause kommst, wird alles anders werden, das verspreche ich dir!"

Ich schwieg, denn ich konnte es nicht glauben. Ich bat die Kinder, sich in der nächsten Zeit besonders um ihn zu kümmern.

Kaum war ich nach der Operation wieder auf der Station, da stand auch schon Elfriede zitternd vor Angst an meinem Bett und sah sich Infusionen, Katheter und alles, was an mir so herumhing, ehrfurchtsvoll an. Nach ihr marschierten alle Kinder nacheinander auf. Nur mein Mann kam nicht. „Sag einmal, wo ist denn Papa, ist er krank?" fragte ich Elfriede. „Ach Mama, der macht sich so große Sorgen um dich, daß er sich gar nicht hertraut!" log sie mit Tränen in den Augen. Sie tat mir leid: „Brauchst nicht schwindeln, Elfriede, ich kann mir schon denken, wo er ist. Wenn er sich aufregt, hilft ihm nur Alkohol."

Nach weiteren drei Tagen kam auch er mich besuchen. Der Alkohol hatte in seinem Gesicht deutliche Spuren hinterlassen. Am liebsten hätte ich ihm eine heruntergehauen, aber ich schämte mich vor der Patientin, die mit mir das Krankenzimmer teilte.

Mit unterdrückter Stimme schimpfte ich ihn: „Kannst du dich nicht wenigstens jetzt ein wenig zusammennehmen! Wenigstens Elfriede zuliebe! Schau dich doch mal an: Man muß sich schämen, wenn du zu Besuch kommst!" – „Reg dich nicht auf, Elfi, du siehst so entsetzlich blaß aus. Ich verspreche es dir, ich werde nie mehr trinken!" – „Ach hör auf mit deinen leeren Versprechungen. Du widerst mich an!" Ich hatte mich so in Zorn geredet, daß mir ganz heiß geworden war. „Ich wäre dir allerdings dankbar, wenn du mit deiner nächsten Sauftour warten würdest, bis ich wieder zu Hause bin!"

Er versprach es hoch und heilig.

Aber in den nächsten Tagen besuchte er mich nicht mehr.

Endlich rief er mich an, seine Stimme klang vorwurfsvoll. „Ich bin im Urlaub, kann mich aber nicht erholen, weil ich ständig dein blasses Gesicht vor mir sehe. Ich komme morgen zurück!"

Nachdem ich den Hörer aufgelegt hatte, ließ ich mich

zurückfallen. Waren es meine Nerven oder Selbstmitleid? Ich weinte stundenlang.

Bereits drei Wochen nach der Operation konnte ich entlassen werden. Vier weitere Wochen wurde ich krank geschrieben, und danach sollte ich zur Kur. Als mein Mann das hörte, fuhr er mich an: „So, so, auf Kur willst du fahren und vielleicht mit einem Kurschatten daherkommen. Das kannst du ganz schnell vergessen!" – „Das mußt du mir gar nicht sagen. Ich würde nie auf eine Kur fahren, dazu bist du zu unzuverlässig! Ich könnte mich gar nicht erholen. Und was den Kurschatten betrifft: Von Männern habe ich dank dir die Nase gestrichen voll!"

Das war wohl zu heftig. Mein Mann verließ die Wohnung und kam erst nach drei Tagen wieder nach Hause. Der Alkohol machte ihn von Tag zu Tag vergeßlicher und aggressiver.

8. Kapitel

Zenzi läutet Sturm

Als ich mich einigermaßen von der Operation erholt hatte, begann ich wieder mit dem Nachtdienst.

Schwester Hanna begrüßte mich überschwenglich. Dann sagte sie leiser: „Schneewittchen ist heute nacht gestorben! Ihr Mann hat eben die schwarze Kleidung für sie gebracht. Er tut mir so leid. Ich weiß nicht, wie ich ihn trösten soll, wo ich doch selber so traurig bin!" – „Schwester Hanna, die arme Frau hat genug leiden müssen. Das wird auch den Mann irgendwann trösten!" – „Ja, so wird es sein. Wie geht es Ihnen selber, Schwester Elfi? Werden Sie die schwere Arbeit schaffen?" fragte sie mich besorgt. – „Danke, ich bin ganz in Ordnung. Aber was machen die anderen Patienten, vor allem die Fäkalienschwestern?"

„Franzi ist frech wie eh und je. Die Liesi hat eine ganz arge Gürtelrose." – „Haben sich die beiden schon entdeckt?" – „Nein, bis jetzt noch nicht. Sie fragen auch nicht mehr nacheinander. Aber sobald ein neuer Patient eingeliefert wird, schaut Franzi ihn sich genau an." Schwester Hanna wünschte mir noch eine ruhige Nacht und ließ mich dann wieder allein zurück.

Zenzi läutete bereits Sturm. Frau Rateiski, ihre Zimmernachbarin, war aus dem Zimmer gelaufen, nachdem sie einige ihrer Kleidungsstücke vom Balkon hinuntergeworfen hatte. Das gesamte Personal war sich darin einig, daß Frau Rateiski nicht auf unsere Pflegestation, sondern in eine psychiatrische Klinik gehörte. Auch während des Tages war eine der Schwestern ständig auf der Suche nach ihr.

Bei unseren Dienstbesprechungen war sie Thema Nummer 1. Wer sollte die Verantwortung übernehmen, wenn sie plötzlich aus dem Haus rannte? Ihre Kinder hatten uns gebeten, die Mutter auf ihre alten Tage nicht noch in eine Nervenklinik zu schicken. Wir verstanden das alle, mußten aber schließlich auch auf die Sicherheit unserer Pflegefälle achten. Frau Rateiski griff zwar nie einen Patienten an, aber sie stellte sich gern vor einen Schlafenden hin und sah ihn pausenlos an. Wenn der dann erwachte und ein Gesicht über sich gebeugt sah, erschrak er heftig. Ich machte mich also auf, um nach Frau Rateiski zu suchen.

Durch mein ständiges Rufen weckte ich die anderen Patienten. Ich wollte schon aufgeben und den Chef zu Hilfe holen, als ich plötzlich in einem der Zimmer eine Schranktür offen sah.

Friedlich lag die alte Dame in dem Kleiderschrank und schlief.

Als ich sie weckte, bedachte sie mich schlafgrantig mit Schimpfworten. Ich war froh, als ich sie wieder im Bett hatte und sie gleich weiterschlief.

Gleich darauf läutete Frau Niederhuber. „Du, Mistviech, hast mir meine Dollar gestohlen, die mir meine Tochter aus Amerika geschickt hat! Gib sie sofort zurück, sonst hole ich die Polizei!" schrie sie laut. Sie saß aufrecht im Bett und rüttelte energisch am Gitter. Ich versuchte, behutsam ihre Finger vom Gitter zu lösen, und sprach beruhigend auf sie ein: „Was soll ich denn mit Ihren drei Dollars anfangen, ich brauche sie doch gar nicht!" – „Siehst du, du weißt sogar, daß es drei waren, gib sie zurück!" kreischte sie. „Ist ja recht, Frau Niederhuber, bis morgen früh werden wir sie schon wieder finden!" – „Du gibst sie mir wieder, sonst lernst mich kennen, diebisches Luder!" Ich holte ihr ein leichtes Beruhigungsmittel, worauf sie bald einschlief.

Die Nacht blieb turbulent. Zwischendurch mußte ich immer wieder zur Liesi hineinschauen, der ihre Gürtelrose schwer zu schaffen machte. Einmal hatte sie Schmerzen, dann wieder Juckreiz. Hinzu kamen das Fieber und der Durst. Sie jammerte ständig ihrer Schwester nach: „Des muaß i dir sagn, krank wann i war, dann war d' Franzi wia a Engerl zu mir. Wenns doch grad da wär!" Die Versuchung, die Franzi zu holen, war groß. Aber was würden die Stationsschwestern sagen, wenn ich gegen unsere Absprache handeln würde? Ich nahm mir vor, am nächsten Tag mit ihnen darüber zu reden.

Lieber Gott, hilf!

Als ich nach Hause kam, war mein Mann bereits fort. So früh am Morgen kann er noch keinen Kunden besuchen, dachte ich. In der Hoffnung, daß er jeden Moment kommen würde, deckte ich den Frühstückstisch. Nach einer Stunde wurde ich unruhig. Bevor ich mich schlafen legte, rief sein Chef an und fragte, ob mein Mann heute nicht zur Dienstbesprechung käme.

„Mein Mann ist bereits außer Haus!" antwortete ich. „Dann wissen wir schon, wo er zu finden ist!" sagte er. Lieber Gott, er wird doch nicht schon am frühen Morgen beim Trinken sein, dachte ich. Ich war viel zu erschöpft, um ihn zu suchen, und fiel ins Bett. Einschlafen konnte ich jedoch nicht. In der letzten Zeit ließ er sich vom Trinken nicht mehr abhalten. Im Gegenteil, er war noch aggressiver als vor seiner Entziehungskur. Mir war längst klar, daß ihm nur noch eine zweite Kur helfen konnte. Aber wenn ich ihn darauf ansprach, wurde er böse und schrie mich an: „Das könnte dir so passen. Mich noch einmal abschieben. Den Gedanken kannst du ganz schnell vergessen!"

Ich bekam ihn den ganzen Tag nicht zu sehen. Bevor ich in den Dienst fuhr, schaute ich schnell noch in seine Stammkneipe. Er fuhr mich an: „Das hast du ja wieder gut hingekriegt. Schickst mir meine Kollegen auf den Hals. Jetzt werde ich natürlich Ärger mit dem Chef bekommen. Und du bist wieder einmal schuld daran. Was willst du überhaupt hier?"

Völlig verstört machte ich mich auf den Weg zur Arbeit.

Konflikt um Schläge

Schwester Lore hatte Spätdienst. Sie schien manchmal übermäßig nervös zu sein.

Als ich auf Station kam, konnte ich sie nirgends finden. Das war schon öfter vorgekommen. Also entschloß ich mich, durch alle Zimmer zu gehen und mich über den Stand der Dinge selbst zu informieren. Als ich vor dem Zimmer von Frau Frankhauser stand, stutzte ich. Lautes Geschimpfe war zu hören. Schnell öffnete ich die Tür. Was ich sah, verschlug mir den Atem. Schwester Lore stand mit erhobener Hand vor Frau Frankhauser, die mit ängstlichem Gesicht einen Schlag erwartete.

Als Schwester Lore mich sah, ließ sie zwar ihre Hand sinken, schimpfte aber weiter auf die alte Dame ein. „Warum hast du deine Tasse nicht mit beiden Händen festgehalten? Du weißt doch, wie tatterig du bist. Jetzt kann ich den ganzen Dreck hier aufwischen. Langsam habe ich die Schnauze voll von euch allen!"

Nur mit Mühe konnte ich meinen Ärger zügeln: „Bitte, lassen Sie mich das machen, wenn Sie so reagieren!"

Als wir draußen waren, wollte sie an mir vorbei in das Stationszimmer gehen. Aber ich hielt sie auf. „Schwester Lore, ich will nicht, daß Sie so grob mit den Patienten umgehen. Sollte das noch einmal vorkommen, müßte ich es der Heimleiterin melden!"

Schwester Lore lachte schallend auf. „Frau Brunner und ich, wir kennen uns schon seit Jahren. Wir haben in anderen Kliniken zusammengearbeitet. Und zwar bestens. Sie weiß, wie ich arbeite. Patienten brauchen eine gewisse Strenge!"

Mir platzte der Kragen: „Aber keine Schläge! Wenn ich noch einmal sehe, daß Sie die Hand gegen einen Patienten heben, gehe ich sofort zum Chef!" – „Ich habe die Patientin nicht geschlagen, das bilden Sie sich mit Ihrer Affenliebe doch nur ein!" – „Ich gebe zu, daß ich nicht gesehen habe, wie Sie geschlagen haben, aber Sie hatten die Hand zum Schlag erhoben, als ich hereinkam. Frau Frankhausers Gesichtsausdruck sprach Bände. Lassen Sie sich von mir lieber nicht mehr erwischen!"

Das hatte ich klargestellt.

Ärgerlich brabbelte Schwester Lore etwas von einer blöden Nachtschwester vor sich hin. Doch das störte mich nicht.

Als Schwester Lore fort war, ging ich zu Frau Frankhauser und fragte: „Sagen Sie, Frau Frankhauser, hat es zwischen Ihnen und Schwester Lore größeren Streit gegeben?"

Erschrocken sah sie mich an: „Aber nein, Schwester Lore war nur so böse, weil ich den Tee verschüttet habe. Sie ist eine sehr liebe Schwester!" Ich war verblüfft. Hatte sie so viel Angst, daß sie sich nicht traute, die Wahrheit zu sagen? Ihr verängstigter Gesichtsausdruck hatte mir etwas anderes erzählt. Ich nahm mir vor, in Zukunft die Augen offenzuhalten. Immer noch sehr beunruhigt, begann ich meinen ersten Rundgang. Als ich zu Franzi kam, setzte ich mich an den Rand ihres Bettes und fragte: „Sag einmal, Franzi, wie gefällt dir die Schwester Lore?" – „Was woas i, wer die Lore is!" Ich beschrieb sie ihr näher. „Ah, de moanst", hellte sich ihre Miene auf. „De hot der Meindlin do drüben s'Beten untersagn wolln. Aber da hab ichs ihrer gsagt. Wenns uns net z'vui werd, dann geht's die einen feuchten Dreck an!" – „Mußt du denn immer so grob werden, Franzi?" rügte ich – und schmunzelte über ihren Versuch, ins Hochdeutsche zu verfallen. „Is ja wahr a, oder?" – „Ja hat sich das die Schwester Lore gefallen lassen?" wollte ich wissen. „Sie hat mi bloß an ordinären

Trampl ghoaßen, aber dann is außi bei der Tür, weil i ihr an Teller nachgschmissn hab. Herumschreien brauchts doherinna net, sonst fangts a poor von mir!" – „Jetzt sei wieder lieb, Franzi, und schlaf", beruhigte ich sie.

Innerlich war ich aber beruhigt. Ich war mir sicher, daß Schwester Lore bei Franzi wenig Glück mit rabiater Handgreiflichkeit haben würde. Die würde sich wehren.

Geschlagene Hände

Eines Abends, als ich gleich nach meinem Dienstantritt zu Frau Kirchner hineinschaute, küßte sie mir die Hände. Sie tat das häufiger, und ich fand daran nichts Außergewöhnliches, denn auch ich nahm sie manchmal in die Arme und drückte sie herzlich. Schwester Lore, die hinzugekommen war, schlug Frau Kirchner auf die Hand und schrie sie an: „Ich kann das Abgeschlecke nicht leiden!" Schnell ergriff ich die schmale geschlagene Hand und streichelte sie. Dann bat ich Schwester Lore, mit mir hinauszugehen. Ich nahm mir vor, ganz ruhig zu bleiben, und sagte: „Schwester Lore, wenn Ihnen der Beruf der Altenpflegerin zu anstrengend ist, dann suchen Sie sich lieber etwas anderes. Ich weiß, daß Sie als Krankenschwester mehr Erfolgserlebnisse hatten als jetzt. Bei uns müssen Sie froh sein, wenn Sie einen Gelähmten wieder so weit bekommen, daß er im Rollstuhl sitzen kann. Aber ich werde nicht länger zusehen, wie Sie die Kranken schlagen. Morgen früh gehe ich zu Frau Brunner und sage ihr, was ich gesehen habe!" – Schwester Lore lachte nervös: „Schlagen, was nennen Sie denn schlagen. Das Tatscherl auf die Hand kann man doch nicht als schlagen bezeichnen. – Und was erlauben Sie sich eigentlich, Sie sind hier nur Nachtschwester, was wir am Tag tun, geht Sie nichts an!" – „Das werden wir sehen", entgegnete ich ruhig.

Am Morgen wollte ich mit Frau Brunner reden, aber sie gab an, keine Zeit zu haben.

Jetzt begann für mich eine schwere Phase. In Schwester Lore hatte ich nun eine Feindin.

Eines Morgens war ich etwas später mit dem Waschen der Patienten fertig geworden. Die Tagschwestern waren bereits auf der Station. Da hörte ich Schwester Lores Stimme: „Du Freßmaschine, wie dick willst du denn noch werden? Sollen wir uns vielleicht an dir einen Bruch heben?" Gleich darauf hörte ich es patschen. Ich ließ alles stehen und liegen und rannte in das Zimmer, aus dem das Gezeter gekommen war. Was ich sah, verschlug mir fast die Stimme. Schwester Lore hatte einen Hausschuh in der Hand und holte zu einem Schlag aus. Frau Geiger hatte das Deckbett über ihren Kopf gezogen und schrie um Hilfe. Mit einem Satz war ich bei ihr. „Jetzt reicht es!" Ich packte Schwester Lore und zog sie aus dem Zimmer. „Das werde ich sofort der Heimleiterin melden. Heute wird sie für mich Zeit haben müssen." Schwester Lore lachte auf: „Die glaubt Ihnen kein Wort. Wie ich Ihnen bereits sagte: die kennt mich vom Krankenhaus her. Sie weiß auch, wie böse Patienten sein können!" Unbeherrscht rief ich: „Es gibt keine bösen Patienten, es gibt nur böse Schwestern!" Lore langte sich mit einer unmißverständlichen Gebärde an den Kopf und meinte: „Sie haben sie doch nicht alle!" Ich ließ sie stehen, zog mich um und ging zur Heimleiterin.

Mit meiner Beherrschung war es aus. Frau Brunner

sah sofort, daß ich erregt war. Ohne Umschweife kam ich zum Thema: „Bitte schicken Sie Schwester Lore in Urlaub, denn sie scheint mit ihren Nerven am Ende zu sein. Auf jeden Fall kann sie in dieser Verfassung unsere Pflegefälle nicht betreuen!" – „Was ist denn vorgefallen?" fragte Frau Brunner freundlich. Ich erzählte ihr haarklein, was ich beobachtet hatte. Es schien sie nicht besonders aufzuregen. Sie sagte nur: „Schwester Lore hat großen privaten Kummer. Wir müssen viel Verständnis für sie aufbringen!" Erbost erwiderte ich: „Wenn der private Kummer so abreagiert werden soll, müßte ich die Patienten halb totschlagen. Man muß sein Privatleben vor der Tür lassen!" – „Das kann aber nicht jeder", erwiderte Frau Brunner. „Im übrigen gibt es auch über Sie genügend Klagen. Die Waschküche beschwert sich, daß in Ihrem Nachtdienst doppelt so viele Nachthemden verbraucht werden wie bei Ihrer Kollegin!" – „O, danke, das ehrt mich!" platzte ich. „Ich ziehe den Kranken jeden Tag ein neues Nachthemd an. Warum sollten wir es den Patienten, die in ihren Betten schwitzen, nicht gönnen?" Frau Brunners Reaktion: „Mit Ihnen kann man heute nicht vernünftig diskutieren, Sie sind zu erregt." Ich gab zurück: „Das nächste Mal werde ich gleich zum Direktor gehen. Der hat für grobe Schwestern nicht das geringste Verständnis!"

Ich ließ sie stehen und lief hinaus.

Jetzt habe ich mir noch eine Feindin geschaffen, dachte ich, fühlte mich aber trotzdem besser.

Jede meiner jungen Kolleginnen bat ich, scharf darauf zu achten, ob Schwester Lore die Hand hob. Ich hatte mir vorgenommen, beim nächsten Mal gleich zurückzuschlagen und mich vor die Kranken zu stellen. Ich war unglücklich. Unser Haus, das ich immer für vorbildlich gehalten hatte, hatte jetzt diese Furie eingestellt, und noch dazu als Stationsschwester.

Aber in der folgenden Zeit nahm sich Schwester Lore zusammen und bemühte sich, recht lieb zu den Patienten zu sein.

Eines Abends dann nahm ich mir etwas Zeit und verwickelte sie in ein Gespräch. „Schwester Lore, wenn Sie Sorgen haben und Hilfe brauchen, können Sie jederzeit zu mir kommen!" Erstaunt sah sie mich an. „Wer sollte mir schon helfen können?" sagte sie, die Tränen zurückhaltend. Ich ließ nicht locker, bis sie mir ihr Herz ausschüttete. Sie war geschieden und fand das Leben ohne ihren Mann nicht mehr lebenswert. Ich dachte: Wie kann man sich dadurch aus der Bahn werfen lassen? Gleich darauf schämte ich mich aber für diesen Gedanken und sprach ihr Mut zu. Seit diesem Tag besserte sich unser Verhältnis.

9. Kapitel

Der Rausch des Herrn Morawski

Für große Aufregung im Pflegeheim sorgte Herr Morawski, ein neuer Patient. Seine ehemalige Wohnung lag ganz in der Nähe des Heimes. Herr Morawski wollte nicht wahrhaben, daß er nun für immer im Pflegeheim bleiben sollte. Er ging zu seinen ehemaligen Nachbarn und trank sich einen Vollrausch an. Zwei Schwestern bemühten sich vergeblich, ihn wieder ins Heim zurückzubringen. „Ich schon kommen, wann ich selber will. Erst ich müssen Abschied nehmen von meine Freunde!" sagte er. Da es uns strengstens untersagt war, auf Patienten Druck auszuüben, ließen die Schwestern von ihm ab. Sie machten ihn aber darauf aufmerksam, daß die Pforte um zwanzig Uhr geschlossen werde und seine Wohnung aufgelöst sei. Gegen Mitternacht vernahm ich lautes Geschrei und ein Klopfen an der Haustür. Ich sah vom Balkon hinunter, um festzustellen, wer so einen Lärm machte.

Herr Morawski wollte hereingelassen werden. Er war völlig betrunken. Wohl war mir nicht in meiner Haut, als ich dem schimpfenden Mann öffnete. Er torkelte so heftig, daß er mich fast umwarf. Sein Zimmer fand er auch nicht, und als ich ihn führen wollte, grölte er auf dem Gang herum.

Als ich ihn endlich in seinem Zimmer hatte, wollte ich ihn ausziehen. „Du mich nicht anfassen!" schrie er und hob drohend die Hand. „Meinetwegen! Dann schlafen Sie mit der Kleidung!" erwiderte ich und ließ ihn einfach stehen. Ich hoffte aber, daß er die anderen Männer in dem Zimmer schlafen lassen würde. Die Tür blieb einen Spalt offen, damit ich ab und zu nach dem Rechten sehen konnte. Bald darauf hörte ich, wie Herr Schweiz schrie. „Jetzt leg dich endlich nieder, sonst schmeiß ich dich ins Bett!" Danach war Ruhe. Angezogen hatte er sich ins Bett geworfen. In der darauffolgenden Zeit war Herr Morawski des öfteren am Abend noch unterwegs mit seinen Freunden. Wer ihn vom Personal nach neunzehn Uhr draußen erwischte, nahm ihn gleich mit. Schmunzelnd beobachteten wir, daß auch der Herr Direktor ihn einmal aufgabelte. Eines Tages traf ich ihn, als ich gerade meinen Dienst antreten wollte. „Auf geht's, Herr Morawski!" rief ich ihm ermunternd zu. Ich nahm ihn am Arm und marschierte mit ihm, die polnische Nationalhymne singend, ins Pflegeheim. Franzi sah zum Fenster hinunter. Als ich die Station betrat, rief sie: „Kimmst jetza scho mit die Mannsbilda ind' Arbeit, ha, schamst di gar net? Wos hast do für an Schmarrn g'sunga?" – „Das war die polnische Nationalhymne, Franzi. Herr Morawski ist Pole." – „Und woher kennst du das?" – „Ich komme auch aus Polen, wir haben dort als Deutsche vor dem Krieg gelebt, bis wir vor den Russen fliehen mußten!" – „Hab mirs doch denkt, daß du a Zugroaste bist!" Sie musterte mich von oben bis unten. „Na ja, di kann ma lassen. Aber dem Mannsbild da unten derfst aus'n Weg gehn. Der war ja stockbesoffen!" – „Weiß ich schon, Franzi, der ist immer noch traurig, weil er in das Heim mußte."

„Ja mei, daran muß er sich gwohnen!" sagte Franzi ungerührt. „Kimmst später noch zu mir?" fragte sie. „Ja, Franzi, nach meinem ersten Rundgang setze ich mich noch etwas zu dir!"

Frau Thiemes Tochter

Auf Station I gab es eine große Aufregung. Frau Thieme, von uns allen nur das „Kätzchen" genannt, weil sie so überaus reinlich war, war völlig aus dem Häuschen: Ihre Tochter hatte sie an diesem Tag noch nicht besucht. „Schwester Elfi, mit meinem Töchterl muß etwas Schreckliches geschehen sein, denn sie war heute noch nicht bei mir!" Ich streichelte beruhigend ihre Hand. „Aber das muß doch nichts Schlimmes zu bedeuten haben. Ihre Frau Tochter wird verhindert gewesen sein." – „Nein, nein, das hätte sie mir gesagt. Wenn sie irgend etwas vorhat, dann bin ich die erste, die es erfährt. Mein Kind weiß, daß ich mich sonst schrecklich aufrege. Es muß ihr etwas passiert sein. Ach, wäre ich doch nicht so gnadenlos ans Bett gefesselt! Ich würde zu ihr laufen und nachsehen, was ihr fehlt!"

Es klang so verzweifelt, daß ich überlegte, was zu tun sei. Frau Thieme war trotz ihrer neunzig Jahre keineswegs sklerotisch und durchaus glaubwürdig. Darum sagte ich ernst: „Frau Thieme, ich verspreche Ihnen, daß ich sofort bei Ihrer Tochter anrufen werde!" – „Das können Sie sich sparen, das hat Schwester Thea bereits getan! Sie müssen zu ihr in die Wohnung gehen und ihr helfen, wenn das überhaupt noch möglich ist." Frau Thieme schlug die Hände vors Gesicht und schluchzte heftig. So hatte ich die sonst so beherrschte Frau noch nie gesehen. Ich fragte Schwester Thea um ihren Rat. Schwester Thea ließ es noch einmal etwa zehn Minuten bei Frau Thiemes Tochter läuten. Als sich niemand meldete, entschloß sie sich, den kurzen Weg zur Wohnung zu gehen und nach dem Rechten zu sehen. Als Frau Thieme das erfuhr, nahm sie bereitwillig ein Beruhigungsmittel ein und schlief bald ein. Das war gut so, denn Schwester Thea wußte nichts Gutes zu berichten. Eine halbe Stunde lang hatte sie an der Haustür geläutet und geklopft, bis endlich die Nachbarn aufmerksam geworden waren. Auch sie hatten Frau Thiemes Tochter den ganzen Tag nicht aus der Wohnung kommen sehen. Wir beschlossen, am Morgen die Polizei zu informieren.

Als ich am nächsten Abend den Nachtdienst antrat, sah ich Frau Thieme wie versteinert in ihrem Bett sitzen. Sie weinte nicht einmal: „Jetzt habe ich auch noch verloren, was mir auf dieser Welt am liebsten war. Ich hatte recht mit meiner Unruhe. Herzstillstand. Mein Kind lag tot in seiner Wohnung." Frau Thieme wollte nur noch sterben. Ich versuchte, ihr jeden Wunsch von den Augen abzulesen. Sie hatte freilich keine Wünsche mehr.

Verzweifelte Versuchung

In dieser Nacht hatte ich nicht viel Zeit zum Nachdenken, denn ich mußte mich ans Bett der sterbenden Frau Weber setzen. Das kleine Gesicht der alten Dame bestand nur noch aus Haut und Knochen. Seit Wochen schon konnte sie nichts mehr essen. Die letzten beiden Tage trank sie auch nichts mehr. Tröpfchenweise versuchten wir ihr ein wenig Flüssigkeit einzuflößen. Dabei erstickte sie fast. Ich blieb bei ihr sitzen und konnte mir, da ihre Nachbarin schwerhörig war, die Glocke im Zimmer einstellen, so daß ich immer hören konnte, wenn die anderen Patienten läuteten. Das Leiden Frau Webers, ihr schrecklich abgemagertes Gesicht regten mich schrecklich auf, so daß meine Gedanken mit mir durchgingen. Was soll das alles? dachte ich verzweifelt. Soll das schwache Wesen sich zu Tode quälen? Ich spürte plötzlich in mir den Impuls: Wenn du jetzt ein Kissen nimmst und auf den kleinen Mund drückst, dann hat sie endlich für immer ausgelitten. Kein Mensch wird es merken. Dieses Atmen ist das reine Martyrium. Diese Stimme in mir wurde immer lauter. Wie lange willst du sie noch leiden lassen? Mir wurde heiß. Ich wandte mich ab, ging schleunigst hinaus und machte einen Rundgang durch alle Zimmer. Als ich mich nach einer halben Stunde wieder an ihr Bett setzte, hatte sich ihr Zustand nicht verändert. Immer noch dieses schwere Atmen und das röchelnde Ziehen nach Luft. Wieder diese verzweifelte Versuchung. Ich senkte den Kopf, schaute sie nicht mehr an und betete. Die Gedanken rasten durch meinen Kopf. Gott hat den Menschen erschaffen, und nur er darf über Leben und

Tod entscheiden. Ich darf mir nicht anmaßen, ihr Leben zu beenden, nur weil ich ihr Leiden nicht aushalten kann.

Dieser Gedanke half mir. Seitdem bin ich nie wieder in Versuchung gekommen, einem Menschen sterben helfen zu wollen. Einige Tage danach hatte Frau Weber ausgelitten. Seitdem betrachte ich die Sterbestunde als eine heilige Stunde. Ja ich glaube sogar, daß man sie mit unserer Geburtsstunde vergleichen kann: Sterben ist Geburt in das ewige Leben.

Einkaufsbummel im Supermarkt

Am letzten Tag vor meinen freien Tagen bat mich Schwester Lore in das Stationszimmer. „Schwester Elfi, ich habe eine Bitte an Sie", fing die Unterhaltung an.

„Nachdem Sie am Abend ausschlafen können, möchte ich Sie fragen, ob Sie nicht heute nachmittag mit der Franzi ein wenig außer Haus gehen können. Das Gesundheitsamt führt heute wieder einmal seine Routinekontrolle durch. Mit Schrecken erinnere ich mich daran, wie die Franzi sich das letzte Mal aufgeführt hat. Jeden Herrn hat sie sich genau angesehen, und an jedem hatte sie etwas auszusetzen. Und das so laut, daß es alle hören konnten. Und wenn sie den Kaiser von China vor sich hätte, sie sagt, was sie denkt!" – „Gut, Schwester Lore, ich komme gegen vierzehn Uhr."

Pünktlich war ich im Pflegeheim und sagte zu Franzi: „Du wolltest doch immer einmal in den Supermarkt gegenüber zum Einkaufen gehen: Heute hätte ich Zeit dafür." – „Aber i mog net. Heit, hab ich ghört, kommen a paar Herrn, und die möcht i mir doch oschaugn." – „Geh weiter, wegen den Mannsbildern brauchst nicht dazubleiben. Die siehst auch ein anderes Mal!" – „Na ja, recht hast eigentlich. Aber helf mir in mein Mantel eini." Ich war froh, daß ich sie hatte überreden können. Dann holte sie einen alten vergilbten Briefumschlag aus ihrem Schrank. „Ja, was hast denn da drinnen?" wollte ich wissen. „Ja, was denn, 's Geld halt. Du kannst scho saublöd fragn!" – „Hast denn du keine Geldbörse?" – „Geh, des brauchts doch net!" Ich erschrak, als ich hineinsah. Wieviel Geld die Franzi lose mit sich herumtrug! „Brauchst doch nicht alles mitnehmen, laß die großen Scheine hier!" mahnte ich. „Vergunnst mir's net, ha?" – Ich wurde ärgerlich. „Meinetwegen, nimms mit. Aber jammere nicht, wenn du was verlierst." Endlich hatte ich sie so weit, daß wir losgehen konnten. Im Supermarkt bewegte sich die Franzi wie ein kleines Mädchen. Am liebsten hätte sie den ganzen Laden ausgekauft. Der Einkaufswagen quoll über. „Wie wollen wir das bloß alles hinübertragen?" fragte ich. „Des mach ma scho!" beruhigte sie mich.

Als wir zur Kasse gingen, saß da eine Kassiererin mit weit vorstehenden Zähnen. An jedem anderen Tag hätte ich Angst gehabt, daß Franzi eine dumme Bemerkung darüber macht. Aber heute, so dachte ich, ist sie viel zu sehr mit ihren eingekauften Sachen beschäftigt. Kurz vor der Kasse jedoch blieb die Franzi plötzlich stehen und fing schallend zu lachen an. Dann fletschte sie die Zähne und versuchte die Verkäuferin nachzuäffen. Das wäre noch nicht so schlimm gewesen. Aber an der Kasse beugte sie sich zu dem Mädchen und sagte: „Du, mit deinem Gebiß machst einem jeden Osterhasn Konkurrenz!" Das Mädchen lief rot an. Die Menschen ringsum schauten peinlich berührt. Eine ältere Dame sagte zu mir: „Lassen Sie Ihre Mutter lieber zu Hause, wenn sie die Leute beleidigt!" Ich wollte gerade Luft holen, um Franzi zu verteidigen, aber sie kam mir zuvor. „I bin net derer ihre Mama, des is de Nachtschwester von dem Heim da drüben. Beleidigt hob i a neamands. D'Wahrheit derf ma sagn. Und de", sie wies mit dem Finger auf die Kassiererin, „schaut mit ihre Zähn aus wia a Osterhos, basta!" – „Franzi, sei jetzt still!" sagte ich laut. Sie genoß es sichtlich, im Mittelpunkt zu stehen. Ich schob sie einfach hinaus. „Halt", rief sie, „was werd aus meine eingekauftn Sachen?" – „Die wird der Hausmeister abholen und dir ins Zimmer bringen. Du gehst jetzt erst einmal da raus!" – „Humor hast du überhaupt nicht, ha?" grantelte sie in leicht beleidigtem Hochdeutsch, während wir zurück zum Heim gingen.

„Doch, Franzi, ich habe Humor. Aber dir würde es sicher auch nicht gefallen, wenn man sich über dich lustig macht." – „O mei, i hab nie empfindlich sei dürfen im Leben. Allweil hams mi tratzt, weil i so kloa war. Damals hab i mir vorgnomma, des zahl i amol zruck. Und jetza is mei Zeit da!" Ich schwieg. „Bist ma jetzt bös?" fragte sie mich treuherzig. „Nein, Franzi, bös bin ich dir nicht. Nur sind es die falschen Menschen, die du verletzt. Die, die dich damals gehänselt haben, ärgerst du damit nicht." – „Ja, sollt i jetza vielleicht zu dem Osterhosn gehn und mi entschuldign?" – „Nein, nein, Franzi, nur das nicht. Aber überleg dir das nächste Mal, was du sagst!"

Mittlerweile waren wir wieder im Heim angelangt und wollten gerade in den Aufzug steigen, als uns Schwester Sofie entgegen kam. „Seid ihr schon zurück?" fragte sie erschrocken und flüsterte mir zu: „Schau bloß, daß du mit der Franzi im ersten Stock bleibst. Die Herren vom Gesundheitsamt sind gerade oben, auf Franzis Station." Also drückte ich im Aufzug Station I. Als sich die Tür öffnete, stellte Franzi fest: „Do san ma falsch, de Leit, de do sitzn, kenn i net." Von der Treppe her hörte ich Herrenstimmen. Schnell übergab ich die Franzi einer Schwesternschülerin und sagte leise: „Schaff sie irgendwohin, nur laß sie nicht mit den Herren vom Gesundheitsamt zusammentreffen!" Die Schülerin reagierte sofort, packte Franzi und schob sie in das nächste Vierbettzimmer. Ein Aufschrei ließ mich erschrocken zusammenfahren. „Franzi!" – „Liesi!"

Die Geschwister lagen sich in den Armen. Jetzt war geschehen, was wir so lange hatten vermeiden können.

Als ich dazu kam, hatte Liesi sich schon aufgedeckt und ihrer Franzi die schlecht verheilten Narben der Gürtelrose gezeigt. „Hast dich wieder net gscheit gwaschn!" schimpfte Franzi. Ich griff ein. „Franzi, die Liesi hatte eine sehr schmerzhafte Gürtelrose. Das hat mit Sauberkeit überhaupt nichts zu tun!" – „Was muaß des oide Rindviech a no an Gürtel tragn. Bist no alleweil so eitel, wieast früher warst, ha?" schimpfte sie weiter. Jetzt wurde es aber der Liesi zuviel. Sie deutete mit ihrem knochigen Finger zur Tür und sagte: „Do is dös Loch, wost außi kannst, jetzt schleich di wieda!" – „Na, geh i halt. Am Arsch kunnst mi a leck'n!" keifte die

Franzi, gar nicht lieblich und schon wieder streitlustig, während sie zur Tür ging. Schwester Thea hatte inzwischen mitbekommen, daß sich die Geschwister gefunden hatten. „So, jetzt ist es also soweit", stöhnte sie. „Jetzt heißt es aufpassen, daß die zwei nie allein zusammentreffen." Franzi hatte ihr Gehwägelchen inzwischen beleidigt in ihr Zimmer geschoben. Ich ging zu ihr. „Was sagst jetza du zu dem Rindviech, ha? Außi hats mi gschmissn!" – „Jetzt will ich dir mal etwas sagen, Franzi, du glaubst, du darfst zu jedem grob sein, und ein jeder soll sich alles von dir gefallen lassen. Wer so austeilt wie du, der muß auch einstecken können!" – „Na ja, eigentlich hast recht, i hätt ihrer gleich a paar schmiern solln, dann hätts glei g'wußt, wie's dran is!" – „Franzi, du bist eine ganz böse Frau!" rief ich. „Und jetzt gehe ich nach Hause. Wir sehen uns in sieben Tagen!" Franzi machte große Augen. So ärgerlich hatte sie mich noch nicht gesehen. „Aber, aber", stotterte sie. „Nein, ich will nichts mehr hören!" – „Bist genauso a damisches Frauenzimmer!" hörte ich sie noch mit unterdrückter und schmollender Stimme nachrufen, als ich schon wegging.

10. Kapitel

Eine schlimme Ahnung

Mein jüngster Sohn war achthundert Kilometer weit von zu Hause entfernt stationiert. Das hieß, er fuhr jedes Wochenende sechzehnhundert Kilometer. Er ließ sich das nicht ausreden. Ich war ständig in Sorge, er könnte am Steuer einschlafen oder vor Übermüdung nicht konzentriert genug sein.

Endlich kam aber die Nachricht vom Kreiswehrersatzamt, daß mein Sohn in die Kaserne in unserer Stadt versetzt werden sollte.

Zur gleichen Zeit teilte der Hauptmann der Kompanie, bei der Hansi seinen Dienst tat, es auch dem Jungen mit. Wenn er heute abend anruft, wird seine Stimme glücklich klingen, dachte ich. Doch sein Anruf blieb aus. Ich wurde nervös. Selber anrufen wollte ich nicht, um ihm keinen unnötigen Ärger zu bereiten. Die Nacht wollte und wollte nicht vergehen. Die Angst um den Jungen machte mich fast wahnsinnig. Ich spürte, daß etwas Entsetzliches geschehen sein mußte. Wie gut verstand ich jetzt Frau Thieme.

Endlich, am Morgen, rief sein Hauptmann an. Noch

bevor er irgend etwas berichten konnte, fragte ich: „Was ist mit meinem Jungen passiert. Ich weiß, daß es etwas Schlimmes sein muß, sonst hätte er mich angerufen!" – „O, ihr Mütter!" stöhnte der Hauptmann. „Ich habe noch nie erlebt, daß eine Mutter nicht sofort gespürt hat, wenn etwas nicht in Ordnung war. Aber Sie haben recht. Es ist tatsächlich etwas geschehen. Sofort, nachdem ich Ihrem Sohn mitgeteilt hatte, daß seiner Versetzung nichts mehr im Wege stünde, ist er wie ein Verrückter durch die Kaserne gelaufen und hat seine besten Kameraden eingeladen, mit ihm im nahen Ort die Versetzung zu feiern. Da Ihr Sohn sich stets tadellos verhalten hatte, konnte ich nichts dagegen einwenden. Offensichtlich aber war seine große Freude doch der Grund dafür, daß er nicht konzentriert genug gefahren ist. In einer engen Kurve übersah er eine Betonmauer und raste voll dagegen. Seine Verletzung ist sehr ernst. Er liegt in der Marburger Universitätsklinik. Sein Bein hing nur noch an einer Sehne und kann wahrscheinlich nicht gerettet werden." Sachlich hatte der Kompaniechef gesprochen. Ich wollte antworten, brachte aber keinen Ton hervor. „Sind Sie noch da?" fragte der Hauptmann nach einer Weile. „Ja, ja", sagte ich leise und hängte auf.

Danach reagierte ich ganz kühl. Mein Mann war wieder einmal beim Trinken. Gern hätte ich meinen Schmerz herausgeschrieen, aber ich gehöre zu den Menschen, die sich in solchen Situationen keine Luft machen können.

Hastig packte ich einen Koffer und wollte sogleich losfahren. Ich hatte meine freien Tage. Doch als ich eben die Wohnung verlassen wollte, kam mein Mann torkelnd nach Hause.

Ich reagierte böse: „Na, hast du mal wieder genug getrunken? Dein Sohn liegt in Marburg in der Klinik und kämpft um sein Leben, und du läßt dich inzwischen vollaufen. Aber so etwas stört dich ja nicht und wird dich wahrscheinlich auch nicht davon abhalten, die nächsten Tage weiter zu trinken!" Er sah mich erschrokken an, ließ sich in einen Sessel fallen und fragte ernüchtert: „Was ist mit Hansi?" – „Er hatte einen Autounfall und liegt im Krankenhaus in Marburg. Ich fahre jetzt zu ihm!" – „Bitte, Elfi, wenn du mich je geliebt hast, dann warte, bis ich mich ein wenig erholt habe. Ich will mitfahren, ich will meinen Jungen sehen!" Er weinte hemmungslos. Wie ich ihn um diese Tränen beneidete. In mir war alles hart und schwer. Ich sagte nur: „Also gut, leg dich hin und schlaf ein wenig. In drei Stunden fahr' ich los. Wenn du bis dahin nicht nüchtern bist, fahre ich allein!" Wortlos legte er sich nieder. Als ich kurz darauf nach ihm sah, lag er mit offenen Augen im Bett. Er schien sich ernstlich Vorwürfe zu machen. Während der langen Autofahrt dachte ich nur daran, wie mein eitler Sohn mit einem Bein zurechtkommen würde. Ich konnte es mir nicht vorstellen.

In Marburg suchte ich sofort den Chefarzt auf. Ernst sah er mich an: „Ihr Sohn hatte einen enormen Blutverlust. Wenn Sie ihn jetzt besuchen wollen, dann halten Sie sich bitte nur kurz auf. Das Bein konnten wir zwar retten, aber die Gefahr einer Embolie besteht noch immer!" Am liebsten wäre ich dem Arzt um den Hals gefallen. Vorsichtig fragte ich noch einmal: „Sind Sie auch sicher, daß das Bein gerettet ist?" –

„Ja, ganz sicher!" Endlich durfte ich meinen Sohn sehen.

„Mama!" – was alles lag in diesem einen Wort! Jetzt endlich konnte auch ich weinen. Er wollte mich nicht weglassen. Erst nachdem ich ihm erzählt hätte, daß ich uns ein Zimmer genommen hatte, um ihn am nächsten Tag wieder besuchen zu können, beruhigte er sich. In der Nacht, im Hotel, mußte ich meinen Mann trösten, der nur noch weinte.

Dankbar war ich, daß er in den Tagen in Marburg keinen Alkohol trank. Kaum aber waren wir ein paar Tage zu Hause, betrank er sich sinnlos.

Ich hatte es nicht anders erwartet: Er war unfähig, anders mit dem schweren Schicksalsschlag umzugehen.

Gewitter

Als ich wieder mit dem Nachtdienst begann, hingen schwere Gewitterwolken am Himmel. Obwohl es niemand zugab, wußte ich, daß die Patienten, die an ihre Betten gefesselt waren, vor Gewitter enorme Angst haben. Während des Gewitters wurde unter vielen Vorwänden geläutet. Wichtig war nur, daß jemand da war, der dem Patienten die Hand hielt. Aber wie sollte ich hundert Hände auf einmal halten?

Es blieb mir nichts anderes übrig, als von Zimmer zu Zimmer zu laufen. In den Fluß, der am Heim vorbeifloß, schlug manchmal der Blitz ein. In jedem Zimmer erzählte ich, daß wir einen Blitzableiter hatten. Heute war ich jedoch selber erstaunt über die Stärke des Gewitters. So heftig hatte ich es noch nie erlebt. War ich nicht gerade in einem Krankenzimmer, so hielt ich mich auf dem langen Stationsgang auf, um die herunterschießenden Blitze beobachten zu können. So furchtlos, wie ich vor den Patienten tat, war ich selber beileibe nicht.

Plötzlich zuckte ein heller Strahl rechts und links herunter. Im selben Moment begann das Telefon zu läuten. Aber nicht, als ob jemand anrufen würde, sondern ununterbrochen. Die Straßenbeleuchtung war ausgegangen, und sogar das Nachtlicht funktionierte nicht mehr. Ich stand in völliger Dunkelheit. Da sich aber bei uns sofort das Notaggregat einschaltet, wenn der Strom ausfällt, dauerte es nicht lange, bis das Nachtlicht wieder Helligkeit verbreitete. Ich stand da und wartete darauf, daß es gleich irgendwo zu brennen anfing. Irgendwo im Haus mußte es eingeschlagen haben.

Telefonieren konnte ich nicht, da das Telefon immer noch pausenlos läutete. Aber es geschah nichts.

Als erste rief mich Frau Thieme. Als ich eintrat, sah sie mir völlig ruhig entgegen und sagte: „Schwester Elfi, ich weiß genau, daß der Blitz soeben eingeschlagen hat, ich habe gesehen, wie er heruntergefahren ist. Ich wollte Ihnen nur sagen, daß Sie sich um mich nicht zu kümmern brauchen. Retten Sie zuerst die andern Kranken! Ich freue mich, wenn ich endlich zu meinem Töchterchen darf!" – „Aber Frau Thieme, beruhigen Sie sich! Es sieht zwar so aus, als ob es wirklich eingeschlagen hat, aber unser Feuermelder hat kein Signal gegeben. Also kann es nicht bei uns gewesen sein."

Die Elektriker hatten tagelang zu tun, um die Telefonanlage wieder in Ordnung zu bringen. Ich erfuhr, daß der Blitzableiter den Blitz geerdet hatte.

Frau Thieme hatte sich aber zu sehr erregt. Einige Tage danach lag sie tot in ihrem Bett.

„Endlich darf sie zu ihrer Tochter!" entfuhr es mir. Alle vom Personal, die Zeit hatten, gingen zu Frau Thiemes Beerdigung. Sie hatte keinen einzigen Verwandten mehr.

Zenzi und der Sonnenzug

Unsere Zenzi war total aus dem Häuschen. Sie hatte erfahren, daß sie mit dem Sonnenzug wegfahren durfte. Jedes Jahr macht der Malteser-Hilfsdienst mit den Rollstuhlfahrern einen eintägigen Ausflug. Auch Behinderte, die sich einigermaßen selbst helfen konnten, wurden mitgenommen. Als Zenzi erfuhr, daß sie fortfahren durfte, freute sie sich so sehr, daß sie nachts nicht mehr schlafen konnte. Jeden Abend, wenn ich sie zu Bett brachte, fragte sie: „Wieviel Tage dauert es noch, Schwester Elfi?" Ich foppte sie zu gern. „Bist du auch sicher, Zenzi, daß du es bist, die mitfahren soll? Ich habe gehört, die Frau Meier im zweiten Stock sei die Glückliche, nicht du!" – „Ach geh, Schwester Elfi, tratzen S' mich doch nicht immer!" zeterte Zenzi dann. „Ja mei, man kann es nicht wissen, ob du dich nicht getäuscht hast", ärgerte ich weiter. Zenzi fing zu quietschen an: „Na, na, i hab ja scho die Kartn von de Malteser!" – „Ach so, na dann wird es wohl doch stimmen!" – „Waschen Sie mich, Schwester Elfi, wenn ich fortfahren darf?" Ich mußte lachen: „Aber Zenzi, du hast ja noch drei Wochen Zeit bis dahin!" – „Ja, aba ich muß doch wissen, ob Sie mi herrichten!" – „Ja natürlich, Zenzi. Ich werd dich als erste in der Früh waschen!" – „O mei, Schwester Elfi, ich freu mich ja schon so, daß ich's gar nimmer erwarten kann!"

Kurze Zeit nach unserem Gespräch wurde Zenzis Mutter sehr krank und starb. Gerade an dem Tag, als Zenzi mit dem Sonnenzug wegfahren sollte, war die Beerdigung.

Als ich am Abend zum Heim kam, wurde Zenzi gerade zurückgebracht. Als sie mich sah, fing sie laut zu weinen an. Ich lief auf sie zu und nahm sie in die Arme. „Nun wein doch nicht so herzzerreißend, Zenzi, gönne doch der Mama ihre Ruhe. So einen schönen Tod kann sich jeder nur wünschen. Wir müssen doch alle einmal sterben. Auch du. Und jetzt hast du einen lieben Fürsprecher im Himmel!" Zenzi wurde mein Gerede offensichtlich zu dumm. Heftig machte sie sich aus meiner Umarmung frei und stieß mich weg. „D-d-des woas i selba, daß ma sterbn müassn, aba heit hätt i mit'm Sonnenzug fortfahrn dürfen, und derweil hob i zur Mam auf d' Leich gehn müassn, und das stinkt mir!"

Schnell drehte ich mich um und lief davon. Zenzi sollte nicht sehen, daß ich lachte.

Der Ersatzpassagier

Des einen Leid, des anderen Glück. An Zenzis Stelle hatte Franzi mit dem Sonnenzug fahren dürfen. Die Schwestern hatten eher skeptisch reagiert, als sie davon gehört hatten.

Es war gegen 23.00 Uhr, als die Malteser die Ausflügler wieder zurückbrachten. Franzi war die letzte, die aus dem Auto stieg. Der Malteser, der ihr half, lachte über das ganze Gesicht.

Franzi blickte mir stockgrantig entgegen.

„Wegen so einem Saufraß, wie uns die auftischt ham, fahr i nimmer fort!" schimpfte sie. „Aber dene hab i 's zoagt!" Der Malteser grinste. „Was hat sie denn wieder angestellt?" fragte ich ihn. „Die Suppe im Zug hat ihr nicht geschmeckt, und da hat sie sie der austeilenden Schwester nachgeworfen. Als dann eine junge Helferin auf den herumliegenden Nudeln ausgerutscht ist, hat sie gerufen: ‚Bedank di bei de Leut, die den Fraß bracht ham, wenns dir einen Knochen brochen hast.' Aber die Helferin war schnell wieder auf den Beinen. Es ist ihr nichts geschehen!" Ich konnte es mir nicht verkneifen zu sagen: „Du bist schon ein boshaftes Frauenzimmer, Franzi!" – „Halt du dei blöds Maul und bring mi ins Bett. A anderes Mal fahr i net mit dene Deppn fort!" – „Aber das Bier hat Ihnen doch recht gut geschmeckt, Frau Seidelmeier", lenkte der Malteser ein. „O, mei, wenn ma scho nix Gscheits zum Fressen kriegt, dann muaß ma wenigstens a halbe Bier trinka!" erklärte Franzi. „Und wie hat dir der Ausflug gefallen?" fragte ich. „Ham ja net viel oschaugn können, warn ja lauter Halbtote dabei. Na, na, da fahr i nimma mit. Überhapts, was macht de Liesi, is' scho hin?" – „Wie redest du denn heute daher?" – „Ein kleines Räuscherl hats", flüsterte mir der Malteser zu. „Wir haben uns köstlich mit ihr amüsiert. Sie ist eine Ulknudel und hat das ganze Abteil unterhalten." – „Das kann ich mir vorstellen. Hoffentlich war sie nicht zu ordinär." Der junge Mann lachte wieder. „Na ja, mit Kraftausdrücken kann sie mir noch was vormachen.

Und ihre Handschrift ist auch nicht gerade schlecht!" – „O Gott, sie wird doch nicht zugeschlagen haben!" – „Doch, und nicht nur einmal!" – „Fritz, mei Tascherl is fort!" rief die Franzi. „Wer ist Fritz?" fragte ich. „Das bin ich!" sagte der Malteser. „Schauen Sie nur genau unter Ihren Sachen nach, Frau Seidelmeier, ich habe sie auf den Rollstuhl gelegt." – „Jetz kimm amol her, und laß de damische Nachtschwester stehn. I kanns net finden!" Fritz ging zur Franzi und lachte gleich darauf schallend, denn Franzi hatte das Tascherl um den Hals hängen. Batsch machte es. Franzi hatte dem Fritz eine kräftige Watschn verpaßt. „Da, dir werd i helfa, üba mi lacht koana, des merkst dir!"

Fritz lachte sogar über die Watschn, packte die kleine Frau und hob sie hoch. „Wer wird denn so frech sein?" – Franzi lachte. „Du kannst glei noch mal eine eifanga, wennst mi net gleich runterlaßt!" Fritz verabschiedete sich, er lachte noch beim Weggehen.

11. Kapitel

Hansis Heimkehr

Hansis Bein war gerettet. Man hatte ihm eine Schiene eingebaut, die vom Oberschenkel bis hinunter zum Fuß reichte. Mit Hilfe zweier Krücken konnte er gehen.

Endlich wurde er in ein Bundeswehrlazarett in Heimatnähe verlegt.

Das neue Krankenhaus verunsicherte ihn. Ein junger Arzt hatte in Hansis Gegenwart gerufen: „Was ist denn das für eine Schiene, so was habe ich noch nie gesehen!" Das genügte, um Hansis Blutdruck ansteigen zu lassen. Besorgt maß ein junger Pfleger alle fünf Minuten nach. Gegen Abend kam der Professor und sagte: „Keine Sorge, junger Mann, wir kennen uns sehr wohl mit der eigenartigen Schiene aus und haben uns auch noch einmal mit den Marburgern unterhalten. Es ist alles in bester Ordnung!"

Nach diesem Gespräch beruhigte sich der Junge langsam wieder. Er lernte, wieder herzlich zu lachen. Nach einem halben Jahr wurde er mit der Schiene nach Hause entlassen. Nach weiteren sechs Wochen wurde die Schiene entfernt. Was für ein Schock für ihn: das Bein war einige Zentimeter kürzer geworden, und die Muskeln waren völlig geschwunden. Das alles hatten ihm die Ärzte zwar vorher mitgeteilt, aber jetzt, da er „das verkrüppelte Bein", wie er es nannte, sah, war er völlig am Boden zerstört. Doch ich feuerte ihn an: „Du mußt jetzt an dir arbeiten, Junge! Wie dein Bein nach einem Jahr aussieht, das entscheidest du. Beanspruche es, treibe Sport, nur so bekommst du deine Muskeln zurück!" Da er ein ehrgeiziger Junge war, fing er an zu trainieren. Manchmal jedoch, wenn er sein Bein wieder genau betrachtete, ließ er wieder allen Mut sinken. „Schau das Bein nicht so oft an! Mach weiter!" stachelte ich ihn dann an. Es dauerte noch ein ganzes Jahr, bis wir beide mit dem Bein zufrieden waren.

Als er nach seiner Entlassung aus der Bundeswehr wieder seinem Beruf nachgehen konnte, war er ausgeglichener als zuvor. Die schwere Zeit hatte ihn reifer gemacht. Kurze Zeit später lernte er ein nettes Mädchen kennen. Sehr bald heirateten die zwei.

Das blaue Auge der Frau Danner

Während dieser Zeit ging die Arbeit wie gewohnt weiter. Eines Morgens beim Waschen hatte ich wieder einmal Schwierigkeiten mit Frau Danner. Wie schon so oft wollte sie sich ihr Nachthemd nicht ausziehen lassen. Obwohl sie ein äußerst zierliches Persönchen war, kam ich jedesmal ins Schwitzen, wenn ich sie wusch. Hatte ich ihr endlich einen Ärmel ausgezogen, zog sie mit aller Kraft daran, um ihn wieder anzuziehen. Und so ging es weiter, bis ich sie waschen konnte. Dabei schimpfte sie lautstark mit mir. Die alte Frau schämte sich tagtäglich aufs neue. Unwillkürlich dachte ich: Hoffentlich steht an ihrem Bett immer eine Pflegerin mit viel Geduld. Leider war es nicht so. Gerade Frau Danner hatte unter Schwester Lores Unbeherrschtheit viel zu leiden. Die starke Abwehr der kleinen Frau brachte Schwester Lore um ihre letzten Nerven. Meine jungen Kolleginnen erzählten mir, wie grob sie mit Frau Danner umging. Ich nahm mir vor, aufzupassen.

Da änderte sich plötzlich einiges in unserem Haus. Es hieß, Frau Brunner, unsere Heimleiterin, könne nach ihrer Krankheit nicht mehr weiterarbeiten.

Dem Chef war es gelungen, einen Lehrer der Altenpflegeschule für unser Haus zu gewinnen.

Herr Seetaler, so hieß der junge Mann, konnte sich zwar noch nicht gleich von seinen Verpflichtungen als Lehrer freimachen, aber immerhin machte er nach dem Unterricht schon Dienst bei uns.

Artig stellte er sich allen Schwestern einzeln vor.

Eines Abends stand er bei mir im Stationszimmer und wollte sich über den Nachtdienst informieren.

Ein Blick genügte, er war mir sofort sympathisch. Wir konnten uns keine zehn Minuten unterhalten, denn immer wieder läutete es. „Ist das denn die Regel?" fragte er. „Na ja, manchmal ist es auch ein wenig ruhiger."

Obwohl Herr Seetaler einen intelligenten Eindruck machte, entging mir nicht, daß er noch recht unsicher war. Ich sagte: „Nur Mut, mit Liebe geht alles!" – „Ja, da haben Sie recht. Und was man im Guten nicht erreicht, das geht im Bösen erst recht nicht. Das ist auch meine Devise."

Für Herrn Seetaler begann eine schwere Zeit. Vormittags der Unterricht in der Altenpflegeschule und nachmittags die oft aufreibende Tätigkeit in unserem Heim.

Doch seine Kompetenz und seine stille unaufdringliche Art überzeugten. Er war bald sehr beliebt.

Was mir persönlich ganz besonders gelegen kam, war, daß er sehr leise war. Plötzlich stand er, ohne daß man ihn hatte kommen hören, hinter einem und sah bei der Arbeit zu. Peinlich wurde es mir manchmal, wenn er mich beobachtete, wie ich die Patienten streichelte oder sogar mit ihnen schmuste. Aber wenn er es sah, lächelte er nur. Einmal jedoch erschrak ich sehr. Ich hatte gerade Frau Fischer gewaschen und klatschte ihr den Franzbranntwein noch ein wenig auf den Rücken. Da stand er plötzlich in der Tür, sagte kein Wort, sah mich nur eigenartig an. Schlagartig wurde mir klar, daß er auf das Klatschen reagiert hatte.

Der weiß etwas von Schwester Lores Grobheiten, dachte ich und freute mich insgeheim, daß ich mit seiner Unterstützung rechnen konnte.

Bereits einige Tage danach begrüßte mich am Abend statt Schwester Lore Schwester Christine auf der Station. „Was ist los? Ist Schwester Lore krank geworden?" fragte ich die junge Kollegin. „Nein, die kommt nicht mehr!" erwiderte Schwester Christine lächelnd. „Warum denn, was ist denn passiert?" wollte ich wissen. Christine hob ihren Zeigefinger und sagte altklug: „Der Krug geht so lang zum Wasser, bis er bricht!" – „Mensch, erzähl! Was war?" – „Schwester Jutta und ich haben es nicht mehr mit ansehen können, wie die Lore Frau Danner behandelte", berichtete Schwester Christine. Ich fühlte Zorn aufsteigen. „Was hat sie ihr getan?" – Christine nahm mich bei der Hand und führte mich zu Frau Danner. Ich erschrak: „Um Gottes willen, wie sieht die denn aus?" Frau Danner hatte ein blaues Auge. Da sie aber sklerotisch war, begrüßte sie mich wie üblich mit den Worten: „Hat der Seppl die Viecher schon g'füttert?" Mein Herz klopfte bis zum Hals, als ich die wehrlose kleine Frau so liegen sah. Zugleich kam ich zu der bitteren Erkenntnis: Was kann so einem sklerotischen Menschen alles geschehen? Nicht einmal beschweren kann er sich, denn er erinnert sich bereits in der nächsten Minute an nichts mehr. Ich streichelte Frau Danner und sagte traurig: „Ja, ja, der Seppl hat das Vieh schon gefüttert." Dann verließ ich eilig mit Schwester Christine das Zimmer.

„Jetzt erzähl, was los war! Ich will alles wissen!" – „Du, da gibt es nicht allzuviel zu erzählen. Das ging sehr schnell. Jutta und ich haben im Nebenzimmer gerade die Leute für die Nacht fertiggemacht. Plötzlich haben wir die Lore laut schimpfen hören. Danach hat Frau Danner nur einmal kurz aufgeschrien. Jutta und ich haben uns angesehen und sind beide gleichzeitig losgerannt. Schwester Lore stand mit hochrotem Kopf vor Frau Danner und schrie sie an: ‚Du Miststück, halt dich endlich ruhig!' Frau Danners Auge tränte. Jutta brüllte zuerst los: ‚Jetzt reicht es! Ich gehe zum Direktor!' Sie lief gleich los und ich hinterher. Unterwegs begegnete uns Herr Seetaler. Flüchtig berichteten wir, was wir erlebt hatten. Er wurde blaß vor Zorn. Der Direktor und Herr Seetaler haben dann gleich die Lore zur Rede gestellt." – „Ja, und dann?" – „Die hat erst gar nicht versucht, es abzustreiten. Und du hast keine Ahnung, wie böse der sonst so gutmütige Direktor werden kann." – „Was hat er gemacht?" fragte ich neugierig. „Er hat ihr nicht einmal eine Kündigungsfrist eingeräumt. Zornig rief er: ‚Nehmen Sie Ihre Sachen, und gehen Sie sofort nach Hause! Eine Schwester wie Sie will ich nicht länger auf der Station haben. Ich werde die Angelegenheit in Ihren Papieren vermerken. Suchen Sie sich einen anderen Beruf!'"

„Donnerwetter!" rief ich erfreut. „Soviel Courage hätte ich ihm nicht zugetraut!" – „Na, ich bin froh, daß es jetzt mit der Aufpasserei ein Ende hat. Unser Beruf ist so schon schwer genug. Man muß selber ständig aufpassen, daß einem der Geduldsfaden nicht reißt. Schade ist es um Lores Wissen, denn kompetent war sie!" – „Da hast du zwar recht, Christine, aber was hilft das ganze Wissen ohne die Liebe zu den alten Menschen!"

Der lange Fritz

Ab sofort mußte die stellvertretende Stationsschwester, Schwester Hanna, die Station führen.

Sie war aber leider bereits im Pensionsalter, und darum wurde dringend nach einer neuen Stationsleitung Ausschau gehalten. Viele Schwestern stellten sich vor, aber der Direktor war nicht zufrieden, denn eine Stationsschwester sollte nicht zu jung, aber auch nicht zu alt sein. Endlich hoffte er, in Schwester Brunhilde die Richtige gefunden zu haben.

Da auch Schwester Thea nicht mehr die Jüngste war und sie die Arbeit in der Pflegestation nicht mehr bewältigen konnte, wurde sie in das Altenheim versetzt. Für sie wurde erstmals ein Pfleger eingestellt.

Fritz war ein langer, überaus dürrer Kerl mit guten Augen. Von Anfang an gab er sich große Mühe. Zunächst schämten sich die Patientinnen ein wenig vor ihm. Fritz jedoch verstand es mit viel Humor, die Damen davon zu überzeugen, daß auch ein Pfleger in der Lage war, sie mit viel Liebe und Gewissenhaftigkeit zu pflegen. Die anfängliche Scheu legte sich bald und verwandelte sich in Vertrauen. Bald hieß es auf der Station nur noch: Wo ist der Fritz? Holt mal den Fritz, der kann das besser! Besonders dankbar waren die Schwestern ihm, wenn er ihnen das Heben der Patienten abnahm. Fritz drückte sich nie und langte beherzt zu.

Ich schätzte seine Ehrlichkeit und Aufrichtigkeit besonders. Als ich ihn einmal fragte: „Na, Fritz, willst du nicht einmal Nachtdienst machen?", da gab er mir zur Antwort: „Nee, du! Vor der Arbeit ist mir zwar nicht bange, aber mir wäre himmelangst, so allein die ganze Verantwortung zu tragen. Und womöglich würde mir gleich in der ersten Nacht einer sterben! Ich würde mich fürchten wie ein kleiner Bub!"

Sommerfest auf Pflegestation

Herr Seetaler war inzwischen als Heimleiter ganz bei uns beschäftigt. Er brachte viele neue Ideen mit. So wurde erstmals auf der Pflegestation ein Sommerfest veranstaltet. Die Patienten wurden, soweit das möglich war, angezogen und auf die großen Balkone gefahren.

Wer nicht mehr mit dem Rollstuhl fahren konnte, wurde mit dem Bett hinausgeschoben. Alle, die an diesem Nachmittag frei hatten, stellten sich zur Verfügung, um mitzuhelfen. Es gab gegrilltes Spanferkel, Bier vom Faß oder Limonade. Franzi hatte bereits am Morgen gesagt: „Endlich derwisch i vielleicht amol a halbe Bier!" – „Dafür werde ich schon sorgen, Franzi", versprach ich. Gegen vierzehn Uhr war ich im Heim. Franzi stand schon aufgeregt in ihrem Zimmer und erwartete mich, denn ich hatte ihr versprochen, sie zu begleiten.

Die Band spielte Oldies, die auch unsere betagten Heimbewohner kannten. Franzi schimpfte: „Wo bleibst denn so lang, mir kriegn jo koan Platz nimma!" – „Geh, Franzi, der Balkon ist riesengroß, dich werden wir allemal noch unterbringen." Ich öffnete die Zimmertür, und Franzi rannte mit ihrem Gehwägelchen los. Vor ihr ging Frau Inter, eine ehemalige Fachlehrerin, die immer großen Durst hatte und total sklerotisch war. Sie setzte sich an die lange Tafel, riß, noch ehe eine Schwester es verhindern konnte, die Blumen aus der Vase und nahm einen kräftigen Schluck. Franzi sah ihr fassungslos zu. Frau Inter schrie auf: „Wenn alles so ekelhaft wie euer Bier schmeckt, na dann igittigitt!" – „Preißnschädl, bleeder, kunnst net wartn, bis dir epa a Bier eischenkt, ha?" rief Franzi. „Hock di hi, daß i auf di Obacht gem kunn!" Frau Inter machte eine beleidigte Miene und holte gerade Luft, um sich zu beschweren. „Halt's Maul, wer so bleed is, daß er 's Wassa aus der Blumenvasn sauft, der sollt speim, bis eam Galle außikimmt!" – „Franzi, bist du jetzt endlich still!" schimpfte ich. Alle sahen schon zu ihr herüber. Das kam der Franzi gerade recht. „Schaugt's mi nur alle recht bleed o, na schmeiß i euch glei eppas an eure saudumma Schädeln!" Sie nahm eine Brezel und warf sie in die Richtung, wo die Musiker spielten. Herr Seetaler stand auf und wollte die Franzi beruhigen. Franzi sah sich zuerst Herrn Seetalers Vollbart an und sagte: „Holt bloß du dei Maul! Rasier di lieber zuerscht, bevor daß du mit mia red'st." Ich schob sie vom Balkon ins Haus und zurück in ihr Zimmer. „In alles muaßt di du eimischen!" keifte sie mich an.

„Franzi, ich glaube, daß man dich nie wieder an so einem Fest teilnehmen lassen wird!" – „Na und, na pfeif i a drauf, wanns't net amol sogn derfst, wos wahr is. Ziag mi aus, i mecht jetz schlafn gehn! Aba a Maß Bier kunnst ma scho noch bringa!" – „Jetzt laß dich erst zu Bett bringen, ich hol' dir deine Maß schon." Gierig trank sie das Bier. Ich genoß es, ihr dabei zuzusehen. „Magst a a Maul voll?" – „Nein, Franzi, trink nur selber!" – „Du, schaugst du amol nach der Liesi, i habs gar net gsehn." Ich wußte, daß es der Liesi seit Tagen sehr schlecht ging, wollte der Franzi aber die Freude an dem Sommerfest nicht verderben und hatte ihr darum vorher nichts gesagt. „Wenn ich heute abend in den Nachtdienst komme, dann schaue ich zuerst zur Liesi und sage dir dann, wie es ihr geht."

Rasch machte ich mich fertig und fuhr noch einmal nach Hause. Ich hatte noch zwei Stunden Zeit, um mich ein wenig auszuruhen.

Eifersucht

Mein Mann saß angetrunken in der Küche. Erregt sprang er auf, als ich eintrat. „Reicht es nicht, daß du die ganze Nacht weg bist, mußt du auch noch am Tag in das blöde Heim!" schrie er. „Aber ja, ihr habt ja jetzt einen Mann als Heimleiter, dem mußt du schließlich schöne

Augen machen!" Ich lachte: „Sag einmal, bist du jetzt völlig übergeschnappt? Herr Seetaler ist so alt wie unsere älteste Tochter." – „Das spielt bei euch Weibern keine Rolle!" schrie er und gab mir zum erstenmal seit seiner Entziehungskur eine kräftige Ohrfeige. Sie tat weh. Aber ich schwieg, um ihn nicht noch mehr zu erregen. Dann legte ich mich nieder, um mich noch ein wenig für den Nachtdienst auszuruhen. Mein Mann ging, ohne mich noch eines Blickes zu würdigen, ins Bett.

„Der Heimgucker"

In der darauffolgenden Zeit suchte Herr Seetaler nach Freiwilligen, um eine Heimzeitung herausbringen zu können. Zunächst sollte die Zeitung einmal im Monat erscheinen und Informationen über das Heim, das Personal, aber auch Neuigkeiten, die für die Bewohner wichtig waren, enthalten. Ich meldete mich sofort. Schon das erste Exemplar wurde ein voller Erfolg, denn wir riefen zu einem Preisausschreiben auf: Preisträger sollte sein, wer den originellsten Namen für die Heimzeitung fand. Beteiligen durften sich nur die Altenheim- und Pflegeheimbewohner.

Wir freuten uns alle, daß der Gewinner ein Pflegeheimbewohner, nämlich Herr Elsner, war. Herr Elsner hatte den Namen „Heimgucker" vorgeschlagen.

Der erste Preis war eine Autofahrt nach München-Schönbrunn, mit der gesamten Redaktion des „Heimguckers".

Also fuhren wir an einem der folgenden Tage mit dem beidseitig beinamputierten Herrn Elsner los.

Abwechselnd schoben der lange Fritz oder unsere Pförtnerin Friedel den Rollstuhl. Herrn Elsners Freude war grenzenlos und erschütternd zugleich. Auf einmal brach es aus ihm heraus: „Ach, wenn ich noch einmal laufen könnte, würde ich vierundzwanzig Stunden hintereinander ohne Pause arbeiten." Uns allen schossen die Tränen in die Augen. Dieser Satz hat mir in der nächsten Zeit immer geholfen, wenn ich mit meinen Kräften am Ende war.

Als nächstes sorgte Herr Seetaler dafür, daß so viele Patienten wie nur möglich am Morgen angezogen und zum gemeinsamen Frühstück in den großen Vorraum gefahren wurden. Die Heimbewohner sollten sich nicht mehr so einsam fühlen. Der Arbeitsaufwand für das Personal war zwar enorm, da keiner der Heimbewohner mehr selber in der Lage war, mitzuhelfen, aber der Erfolg belohnte unsere Mühen. Es gelang uns, Kranke, die das Laufen durch das lange Liegen verlernt hatten, wieder zum Gehen zu bewegen.

Alle vierzehn Tage kündigte der „Heimgucker" die Spielnachmittage an. Auf die freute sich Frau Strasser am meisten, denn sie spielte gerne Karten. Als sie in das Pflegeheim eingeliefert worden war, hatte sie ihr Hausarzt bereits aufgegeben.

„Ich gebe ihr noch drei Tage, höchstens eine Woche", hatte er zu uns nach seinem ersten Besuch gesagt.

Dieser kleinen Frau war es vom ersten Tag an gelungen, daß das gesamte Personal sich um sie bemühte. Sie hatte unsere Herzen im Sturm erobert. Klein, zierlich und fast zerbrechlich lag sie in ihrem Bett. Sie wog nur noch achtunddreißig Kilo und konnte nicht mehr gehen. Schon nach einer Woche lächelte sie das erste Mal wieder. Der lange Fritz machte so viele Witze, wenn er in ihrem Zimmer war, daß die kleine Frau immer wieder lachen mußte. Statt zu sterben, wie es ihr Hausarzt vorausgesagt hatte, wurde sie zum Stationsliebling. Und beim Kartenspielen machte es ihr ein diebisches Vergnügen, wenn sie einen von uns „hereinlegen" konnte. Jeden Monat einmal spielte ich jetzt mit ihr.

12. Kapitel

Abschalten von zu Hause

Zu Hause spitzte sich die Lage zu. Mein Mann wurde von Tag zu Tag vergeßlicher. Von seiner Firma wurde ihm nahegelegt, in den Ruhestand zu treten.

Oftmals vergaß oder verlor er seinen Haustürschlüssel. Weil unsere Tochter Elfriede so fest schlief, daß sie den Vater nicht klingeln hörte, rief er mich nachts im Heim an. Ich mußte dann einen meiner Söhne bitten, daß er zu mir kam, meinen Schlüssel holte, um dem Vater die Wohnungstür aufzuschließen.

Eines Nachts war ihm das zu umständlich. Auch hatte der Alkohol ihn bereits so enthemmt, daß er die Wohnungstür aufbrach. Mit Schrecken sah ich am Morgen die eingedrückte Tür. Ich schämte mich maßlos, als ich den Hausmeister bitten mußte, die Tür reparieren zu lassen.

Als mein Mann dann endlich in Rente ging, ließ er sich völlig gehen. Vier Tage und Nächte hintereinander trank er. Anschließend ruhte er einen Tag aus, um dann wieder im gleichen Rhythmus weiterzumachen. In diesen Tagen war das Pflegeheim meine große Stütze. Während der Dienstzeit mußte ich nicht allzuviel an zu

Hause denken. Ich dachte: Zur Verzweiflung hast du keinen Grund, du bist gesund! Wie gern würden diese Menschen dein Schicksal ertragen, wenn sie wieder laufen könnten.

Eines Abends kam ich wieder einmal deprimiert zur Arbeit. Zenzi saß wie üblich vor dem Bildschirm und sah sich einen alten Heimatfilm an. Ich hatte mich gerade umgezogen, da rief sie schon nach mir: „U-u-u-umschalten, Schwester Elfi, das is ein Schmarrn, das gfallt mir nicht!" – „Ja, ja, Zenzi, ich muß mich nur noch schnell umziehen, gleich bin ich bei dir!" Dann ließ ich alle Programme durchlaufen, bis endlich etwas für ihren Geschmack dabei war. Gleich darauf hörte ich sie: „Durscht hab i, gebn S' mir an Apfelsaft!" Ich füllte das Glas, stellte es vor sie hin und sagte: „Wohl bekomm's, Zenzi!" Danach ging alles schnell. Zenzi trank und ließ wie üblich ihre Zunge weit heraushängen. Ich hörte das Summen einer Wespe und gleich darauf Zenzis Aufschrei. Erschrocken beobachtete ich, wie schnell ihre Zunge anschwoll. Sie wurde größer und größer, füllte fast schon den ganzen Mund aus. Zenzi rang bereits nach Luft. Mir war klar, daß der Notarzt zu spät kommen würde. Ich mußte sofort handeln. Entschlossen griff ich in einen Blumentopf in der Nähe, holte eine Hand voll Erde heraus und warf sie in Zenzis offenen Mund. Ihren vorwurfsvollen Blick nahm ich gar nicht zur Kenntnis. Danach erst rief ich den Notarzt an. Zenzi wurde mit Blaulicht ins Krankenhaus gefahren. Keine Minute zu früh, wie ich später erfuhr. In der Nacht rief mich der diensthabende Arzt aus dem Krankenhaus an: „Von wem hatten Sie die Nummer mit der

Blumenerde?“ fragte er belustigt. „Das war nur so eine Eingebung!“ antwortete ich. „Nicht übel“, lobte er. „Und wie geht es Zenzi?“ wollte ich wissen. „Die kriegt ihr in den nächsten Tagen wieder, dank der Erde!“ – „Jetzt übertreiben Sie ein wenig, Herr Doktor!“ – „Keineswegs. Die Schwellung der Zunge hätte unweigerlich zur Erstickung geführt, und zwar noch bevor sie das Krankenhaus erreicht hätte!“ – „Da haben wir ja Grund zur Freude“, sagte ich. „Noch eine ruhige Nacht für Sie, Herr Doktor!“ – „Danke, geht zurück!“

Wenige Worte, und doch gaben sie mir wieder ein wenig Mut.

Seit der Erfahrung mit dem Wespenstich wurde Zenzi etwas vorsichtiger. Wenn ich in der darauffolgenden Zeit am Abend meinen Dienst antrat und Zenzi wieder mit heraushängender Zunge antraf, brauchte ich nur „ssssss“ zu machen. Dann zog sie schleunigst ihre Zunge ein und quietschte: „Immer müssen Sie mich tratzen, Schwester Elfi!“

Liesis Tod

Franzi war bedrückt, ihrer Schwester Liesi ging es immer schlechter. Schwach lag sie in ihren Kissen und hatte nicht einmal mehr die Kraft, mit Franzi zu streiten. Am Abend mußte ich Franzi schier von ihr wegzerren, um sie ins Bett zu bringen. „I glaub, das d'Liesi an Löffl abgibt“, sagte sie eines Abends ernst zu mir. Ich mußte lachen. „Siehst, so bist du, alleweil lachst du, sogar wenns gar nix zum Lachen gibt“, rief sie vorwurfsvoll. Als sie endlich im Bett lag, sah ich schnell noch nach den anderen drei Damen in ihrem Zimmer. Frau Meindl war mit dem Rosenkranz eingeschlafen. Auch Frau Fischer schlief bereits. Frau Heeg aber lag aschfahl in ihren Kissen und rang nach Luft. Ich alarmierte den Arzt. „Da ist nichts mehr zu machen", sagte er. „Sie ist bereits in Agonie!" Nachdem der Arzt gegangen war, wollte ich Frau Heeg aus dem Zimmer fahren, um den anderen ihren Todeskampf zu ersparen. Franzi setzte sich im Bett auf. „Was tuast jetzt da?" – „Frau Heeg geht es schlecht, Franzi, ich werde sie in ein anderes Zimmer fahren!" – „Laß sie da, mi störts net. De hat daherinna g'schissn, na derfs a herinna an Löffl werfa! Geh her, helf ma außi! I setz mi jetzt zu ihrer hi, na brauchst du net Obacht gebm." Wieder hatte ich Mühe, nicht zu lachen. „Bleib du nur im Bett, Franzi, das kann noch lange dauern!" – „Aba schaug ma auch auf d' Liesi!" – „Ja, ja, Franzi, du kannst dich darauf verlassen!"

Im Morgengrauen tat die Liesi ihren letzten Atemzug. Ich bat die Tagschwestern, es der Franzi schonend beizubringen. Ich brachte es nicht übers Herz, denn Franzi war am Morgen während des Waschens so vergnügt gewesen.

Als ich am Abend in den Dienst kam, sah ich gerade die Franzi mit ihrem Gehwägelchen zur Kapelle hingehen. Für die Liesi wurde ein Rosenkranz gebetet, wie es seit alters Brauch ist im katholischen Bayern. Ich begleitete sie in die Kirche. „Hast es schon g'hört? Die Liesi is hin!" rief sie mir entgegen. In der Kapelle fiel sie unangenehm auf. Sie stellte sich an den Rand einer Kirchenbank und sagte zu der Dame, die außen saß: „Ruck weiter!" Die alte Dame nahm sie gar nicht zur Kenntnis, sondern betete leise weiter. „Bist taub, ha?" rief die Franzi. Ich schob sie nach vorne. In der nächsten Reihe saß wieder eine alte Dame ganz am Rand. „Ruck!" rief Franzi wieder. Unbewegt blieb die Dame sitzen. Franzi ging in die nächste Reihe, sagte kein Wort mehr, setzte sich an den äußersten Rand und schob die Frau, die außen saß, mit einem kräftigen Ruck ein Stück weiter. Entsetzt schaute diese auf. „Halt bloß dein Maul, sonst fangst a paar!" rief Franzi aufgebracht. „Da möch'st für dei Schwesta betn, und da hocken's dort und rucken net einen Millimeter!"

Fluchtartig verließ ich die Kapelle. Ich konnte mich nicht mehr beherrschen. Später, als die Franzi von der Spätschwester hochgebracht wurde, fragte sie mich: „Was bist denn so schnell davo, hast wieder dei blöds Lachen net lassn kenna, ha?" – „Nein, Franzi, ich habe nach Frau Heeg schauen müssen!" log ich. „So, dann is recht!" Sie zeigte wenig Trauer. Am nächsten Morgen sagte sie: „Jetzt hat sie's überstanden!"

„Evi, komm zu mir!"

Wir hatten einen neuen Patienten auf Station II. Schwester Brunhilde hatte Spätdienst und führte mich zu ihm. Er war im Einzelzimmer untergebracht. Schon auf dem Weg zu seinem Zimmer hörte ich ihn schreien.

Herr Bergmann war erst fünfundvierzig Jahre alt und litt an einem inoperablen Gehirntumor. Er war ein glücklicher Ehemann und Familienvater gewesen, bis ihn eines Tages an seiner Arbeitsstelle die Nachricht erreichte, seine Frau leide an Brustkrebs.

Er brach zusammen und war seit diesem Tag arbeitsunfähig. Bei einer Untersuchung wurde der Gehirntumor festgestellt. Seine Frau war inzwischen operiert und wohlauf, er selbst jedoch war verloren. Verschiedene Krankenhäuser hatten sich um ihn bemüht – vergebens.

Ich betrat mit Schwester Brunhilde das Zimmer. Ein auffallend kräftiger Mann mit einem übergroßen Schädel sah uns an. Seine Augen schienen aus den Höhlen zu quellen. Das Gesicht war schmerzverzerrt. Er schrie pausenlos nach seiner Frau.

Ich stellte mich vor und streichelte dabei seine Hand. Sofort schlang er seinen Arm um mich, als wolle er mich nie mehr loslassen. Für mich begann eine aufreibende Zeit. Viel zuviel Zeit verbrachte ich bei ihm. Wenn ich meine Rundgänge erledigen mußte oder andere Patienten mich brauchten, hörte ich ihn verzweifelt rufen: „Evi, Evi!" Ich versuchte ihn zu beruhigen: „Bitte, Herr Bergmann, haben Sie Verständnis, ich muß doch auch einmal nach den anderen Kranken sehen!" – „Geh nur zu den anderen, Evi, ich will ganz brav sein!" sagte er dann. Doch er vergaß sein Versprechen in der nächsten Sekunde wieder und schrie nach Leibeskräften weiter: „Evi, Evi, komm zu mir!" Sooft ich konnte, blieb ich bei ihm sitzen. Oft schlief er vor lauter Übermüdung ein. Wenn ich mich dann davonschleichen wollte, war er sofort wieder da und bettelte: „Bitte, Evi, bleib bei mir, laß mich nicht allein!" Wenn ich am Abend meinen Dienst antrat, waren meist seine Frau oder einige seiner Arbeitskollegen bei ihm.

Wenn die Besucher gegangen waren, ließ er seinen Kräften freien Lauf. Die starken Schmerzen verwandelten ihn manchmal in ein wildes Tier. Mit Leichtigkeit riß er ein Bettuch oder das Oberbett in Fetzen.

Der Kopf wuchs zusehends. Am Hinterkopf hatte er eine große Beule, wenn man sie berührte, schrie er vor Schmerz. Das Elend dieses Mannes ging mir so nahe, daß ich nicht mehr froh sein konnte.

13. Kapitel

Arztbesuch

Als ich nach Hause kam, weinte mein Mann. Erschrokken fragte ich: „Was ist mit dir los?" – „Ich habe heute nacht einen Stich in der Herzgegend gehabt, daß ich gemeint habe, mein letztes Stündlein hätte geschlagen!" Besorgt fühlte ich seinen Puls. Er war normal. Doch sein Gesicht war auffallend blaß. Da unser Hausarzt im gleichen Haus wohnte wie wir, sagte ich: „Geh doch gleich nach dem Frühstück zum Doktor hinunter und lasse dich gründlich untersuchen. Vor allem, laß ein EKG machen. Wenn du willst, begleite ich dich." – „Leg du dich nur hin, ich gehe schon allein!" sagte er. Ich legte mich zwar nieder, konnte aber nicht gut schlafen. In der letzten Zeit hatte ich öfter daran gedacht, daß sein Körper irgendwann reagieren würde: Der Alkohol, die Zigaretten und nicht zuletzt das stundenlange Sitzen vor dem Fernsehgerät mußten sich irgendwann negativ auswirken.

Ich wachte erst mittags auf. Gleich fragte ich meinen Mann: „Was hat der Arzt gesagt?" – „Er war mit dem EKG zunächst zufrieden. Aber der Blutdruck sei viel zu hoch. Du sollst ihn heute öfter messen. Das EKG will er später auswerten. Er sagt dir dann Bescheid!"

Nächtliche Turbulenzen

Die Nacht im Dienst sollte wieder hektisch werden. Zenzi kam nicht zur Ruhe, weil sie dauernd wegen Frau Wegner klingeln mußte. Einmal hatte Kathi, wie Frau Wegner hieß, mit einer einzigen Bewegung alle Gegenstände vom Tisch gefegt. Anschließend warf sie Zenzis Radio vom Nachtkästchen herunter. Dabei stieß sie monotone Schreie aus, die Zenzi offensichtlich die letzten Nerven kosteten. Verzweifelt rief sie: „Bitte, Schwester Elfi, holen S' an Doktor. I kann des Geplärr nimma hörn!" Sie war dem Weinen nahe. Schnell nahm ich sie in die Arme: „Du hast recht, Zenzi, ich werde den Doktor anrufen. Dann bekommt sie etwas Beruhigendes." Daraufhin gab sich Zenzi zufrieden und wartete geduldig auf den Arzt. Als er dann endlich eintraf, sagte er: „Bitte, Schwester, sagen Sie der Frau, daß sie mit dem Geschrei aufhört. Das kann ja kein normaler Mensch aushalten!" Ich wurde ärgerlich. Auch wenn der Arzt noch jung und unerfahren schien, erwartete ich Verständnis von ihm. Etwas zu barsch sagte ich: „Darum habe ich Sie hergebeten, Herr Doktor, damit Sie der Frau eine Beruhigungsspritze geben!" – „Haben Sie denn kein Beruhigungsmittel im Haus?" fragte er befremdet. „Natürlich habe ich Tabletten und Tropfen da. Aber versuchen Sie einmal, ihr etwas zu geben. Das spuckt sie Ihnen ins Gesicht!" Kathi schrie nach Leibeskräften weiter. „Das kann man wirklich nicht aushalten!" schimpfte der Doktor wieder. Ich wurde noch gereizter: „Was soll ich tun, soll ich ihr vielleicht die Stimmbänder durchbeißen?" Der Doktor war erst erschrocken und fing dann endlich an zu lachen. „Jetzt halten Sie die

Dame einmal fest. Ich werde ihr eine Valiumspritze geben!" – „Sehr vernünftig, aber zuerst müssen wir sie einfangen!" Kathi hatte unterdessen nämlich das Bett von Frau Krone erklommen und wollte sich zu ihr legen, obwohl die wild um sich schlug. Mit vereinten Kräften gelang es uns endlich, sie aus dem fremden Bett in ihr eigenes zu befördern. Der Doktor konnte ihr jetzt die Spritze geben.

Kurze Zeit darauf wurde sie ruhiger. „Uff!" machte der Doktor. „Leicht habt ihr es nicht!"

Ich schloß die Tür und begleitete den Arzt hinaus. „Sagen Sie mal, Schwester, sind Sie hier nachts ganz allein?" – „Ja. Aber es ist nicht immer so turbulent wie heute. Und eine zweite Nachtwache würde sich nur negativ auf den Pflegesatz auswirken."

Er sagte nichts mehr.

Die Nacht verlief weiterhin unruhig. Herr Bergmann konnte wieder einmal nicht einschlafen und rief fortwährend nach mir. Sein Zustand verschlechterte sich zusehends.

Rasch ins Krankenhaus

Als ich am Morgen nach Hause fuhr, dachte ich besorgt, wie es wohl meinem Mann gehen würde. Er war bereits aufgestanden und erwartete mich. „Heute geht es mir wieder viel besser!" strahlte er. Trotzdem bestand ich darauf, daß er noch einmal zum Arzt ging.

Mittags, als ich aufstand, hatte er bereits eine Mahlzeit gerichtet und freute sich, mir Gutes berichten zu können. „Der Doktor ist zufrieden. Das EKG ist völlig normal, der Blutdruck allerdings wieder viel zu hoch. Er hat mir ein Medikament verschrieben, das den Blutdruck senken soll." – „Na gut, wir werden deinen Blutdruck in Zukunft gewissenhaft kontrollieren!" erklärte ich.

Der Nachmittag war harmonisch. Aber ich ließ meinen Mann nicht aus den Augen. Irgendwie kam er mir anders vor als sonst. Seine Gesichtsfarbe war immer noch fahl. Zwei Stunden, bevor ich in den Dienst mußte, fragte ich ihn: „Sag einmal, fühlst du dich wohl? Du atmest so schnell!" – „Ach du mit deinem Schwesterntick!" lachte er. „Ich wäre dir trotzdem dankbar, wenn du noch einmal zum Doktor hinuntergehen würdest. Ich habe sonst im Dienst keine Ruhe!"

Er stöhnte auf, ließ sich aber überreden. Diesmal ging ich mit. Noch einmal kontrollierte der Arzt seinen Blutdruck, schob mich anschließend zur Tür hinaus und sagte: „Nehmen Sie Ihren Mann, und fahren Sie sofort mit ihm ins Krankenhaus! Bis ich den Krankenwagen hole, kann es bereits zu spät sein! Ich komme nach!" Er ließ alle seine Patienten im Warteraum sitzen und fuhr hinter mir her. Seine Sprechstundenhilfe meldete uns im Krankenhaus an, und so wurden wir bereits erwartet.

Im Krankenhaus ging alles sehr schnell. Der drohende Herzinfarkt wurde gerade noch verhindert.

Zwei Stunden später war ich zum Dienst im Pflegeheim.

Der Kummer von Frau Wunsch

Als ich am Morgen in das Zimmer der frechen Franzi ging, fiel mir auf, daß ihr Blick nicht wie gewöhnlich war. Still und in sich gekehrt lag sie da und wollte noch nicht aufstehen. Ich dachte, sicher vermißt sie die Liesi doch ein wenig. In Frau Heegs Bett, die am Tag zuvor gestorben war, lag eine neue Dame, Frau Wunsch. Ich sollte sie, so stand es im Berichtsbuch, am Morgen waschen.

Frau Wunsch weinte pausenlos. Behutsam fragte ich: „Was ist denn, haben Sie Kummer?" Sie sagte nichts und weinte weiter. Ich ließ nicht locker: „Haben Sie keine Angehörigen mehr?" Sie schüttelte den Kopf: „Wenn meine Tochter noch lebte, wäre ich nicht hier. Mein Kind, mein armes Kind!" rief sie. Die hat etwas Schweres hinter sich, dachte ich, das muß raus. „Haben Sie mit Ihrer Tochter zusammen gewohnt?" fragte ich. „Ja, bis zu ihrer Heirat. Sie hat im vorigen Jahr einen wohlhabenden Amerikaner geheiratet. Ich hatte bereits die Flugkarte. Der Schwiegersohn wollte mich zu sich nehmen. Einen Tag bevor ich abreisen sollte, erhielt ich dann die Nachricht, daß beide mit dem Auto tödlich verunglückt waren. Da habe ich mich auf einen Sessel gesetzt und mich nicht mehr gerührt, bis mich die Behörden hierhergebracht haben." Während sie erzählte, waren mir die Tränen in die Augen geschossen. Jetzt weinte ich gemeinsam mit ihr. Auch Franzi hatte aufmerksam zugehört. Sie sagte aber kein Wort.

Noch beim Nachhausfahren ließ mich die Geschichte nicht los.

Nachdem ich einige Stunden unruhig geschlafen hatte, ging ich zu meinem Mann ins Krankenhaus. „Ich fühle mich so elend, hol mich hier raus!" war das erste, was er sagte. Bleich lag er in seinen Kissen. „Erst muß dein Blutdruck wieder in Ordnung kommen. Hab doch ein wenig Geduld!" – „Geduld! Geduld! Das ganze Leben ist Mist!" schimpfte er. Es begann eine schwere Zeit. Ab sofort wurde ihm jeglicher Alkoholgenuß verboten. Der Entzug und die starken blutdrucksenkenden Medikamente machten ihn unausstehlich. Sooft ich ihn in der darauffolgenden Zeit besuchte, jammerte er: „Mir geht es sehr schlecht. Was die hier mit mir machen, könntest du auch zu Hause tun. Du willst mich nur nicht zu Hause haben!" Seine ewige Nörgelei nervte schließlich auch die Ärzte. Bereits nach drei Wochen entließ man ihn. Der Chefarzt erklärte mir genau, was ich zu tun hatte. „Leicht werden Sie es nicht haben, Ihr Mann ist ein schwieriger Patient." Er lächelte. „Ich wünsche Ihnen viel Erfolg!"

Da die Ärzte meinem Mann geraten hatten, er solle sich ausgiebig an der frischen Luft bewegen, hoffte ich, daß er sich viel in unserem großen Garten aufhalten würde. Aber schon in aller Frühe schaltete er das Fernsehgerät ein und saß davor bis spät in die Nacht. Er rauchte sehr viel und sah von Tag zu Tag schlechter aus. Wenn ich zu ihm sagte: „Bitte, geh doch ein wenig mit mir spazieren!", dann winkte er nur ab: „Vielleicht morgen, heute läuft ein guter Film."

Schrecken beim Rundgang

Als ich am Abend den Dienst antrat, berichtete die Spätschwester Inge, daß unsere Kathi wieder einmal keine Ruhe geben wollte. „Sie versucht immer wieder, in die Betten der anderen Patientinnen zu steigen. Brauchst dich aber nicht zu sorgen, die Zenzi läutet immer rechtzeitig!" beruhigte sie mich. „Darauf werde ich mich lieber nicht verlassen. Auch die Zenzi kann einmal einschlafen!" Und tatsächlich: In dieser Nacht betätigte Zenzi die Glocke nicht ein einziges Mal. Sooft ich das Zimmer betrat, schlief sie tief und fest. Deshalb schaute ich in dieser Nacht besonders oft in das Vierbettzimmer. Bei einem meiner nächsten Rundgänge fand ich Kathi im Bett von Frau Krone. Frau Krone röchelte bedenklich. Kathi saß mit ihrem Hinterteil in Frau Krones Gesicht. Mit einem Sprung war ich bei ihr: „Kathi, bist du nicht gescheit, willst du Frau Krone umbringen?" rief ich erschrocken und versuchte sie wegzuschieben. Kathi wehrte sich aber energisch und fing wieder ihr monotones Geschrei an. Es gelang mir, sie wegzuschieben, damit Frau Krone freier atmen konnte. Von Kathis Schreien wachte Zenzi auf. „Kathiii, bist du ruhig, ich will schlafen!" rief Zenzi schrill. Lange hatte ich zu tun, bis sich alle wieder beruhigt hatten. Irgendwann fand ich heraus, daß Kathi gern Schokolade aß. Das war die Lösung: Wenn sie gar zu laut schrie, schob ich ihr ein Stückchen in den Mund, worauf sie augenblicklich ruhig wurde.

Durch diese Aufregung hatte ich meine Rundgänge vernachlässigt. Als ich die Türklinke im letzten Vierbettzimmer herunterdrückte, ahnte ich bereits Schlimmes. In den vielen Jahren Nachtdienst entwickelt man ein fast instinktives Gespür für das, was hinter den Türen vorgeht. Mir war nicht wohl, als ich das Zimmer betrat. Mein Herz klopfte bis zum Hals. Und meine Ahnung wurde bestätigt: Es bot sich ein grauenvolles Bild. Frau Huber, die immer noch sehr selbständig gewesen war und noch alleine auf den Nachtstuhl gehen konnte, lag unter ihrem Bett, mit dem Gesicht nach unten. Ich zog leicht an ihren Beinen. Erschrocken stellte ich fest, daß sie eiskalt waren. Schließlich war ich mindestens zwei Stunden lang nicht mehr in dem Zimmer gewesen. Es war also durchaus möglich, daß sie unterkühlt war. Ich wagte es nicht, noch mehr an ihr herumzuziehen, um ihr nicht unnötig weh zu tun. Ich fühlte ihren Puls. Nichts. O Gott, sie wird doch nicht tot sein, dachte ich erschrocken. Ich zitterte vor Angst. Schnell lief ich in das Stationszimmer und rief den Direktor an. „Bitte, Herr Direktor, kommen Sie schnell, Frau Huber liegt mit dem Gesicht nach unten, unter ihrem Bett. Ich glaube, sie ist tot!" – „Nur Ruhe, ich komme gleich!" tröstete er. Wenige Minuten später war er da. Gemeinsam drehten wir Frau Huber um. Ich stieß einen Schrei aus. Am liebsten hätte ich mich an den Chef gelehnt, so übel war mir! Das Gesicht Frau Hubers war dunkelblau. So etwas hatte ich in all den Jahren noch nie gesehen. Der Chef versuchte, mich zu beruhigen, und half mir Frau Huber zu reinigen. Anschließend legten wir sie auf die Totenbahre und fuhren sie in die Totenkammer. Ich weinte hemmungslos. „Beruhigen Sie sich! Sie können nicht überall zur gleichen Zeit sein!" versuchte er zu trösten. „Ich will mich aber nicht beruhigen!" schrie ich ihn an. Er schwieg. Ich konnte mich bis zum Morgen nicht fassen und zitterte noch, als ich mit dem Waschen der Patienten begann. Als ich Herrn Schweiz waschen wollte, lag auch er tot im Bett.

Die Ohrfeige

Völlig niedergedrückt und erschöpft fuhr ich nach Hause, wo ich später als gewöhnlich eintraf. Die Semmeln hatte ich vergessen. Dann gibt es heute Brot, dachte ich. Mein Mann reagierte auf seine Weise: „Heute kommst du aber spät. Macht das euer neuer Heimleiter aus? Mir fällt auf, daß du in letzter Zeit viel lieber zur Arbeit gehst!" Ich winkte nur ab und sagte: „Ich hatte heute eine schreckliche Nacht. Es war zuviel auf einmal!" – „Ja, ja, zwei Herren kann man nicht dienen!" sagte er zweideutig. „Bist du eigentlich noch zu retten?" rief ich ärgerlich. „Es stimmt, ich mag Herrn Seetaler recht gern, denn er ist gut zu den Patienten. Seit er bei uns ist, ist das Betriebsklima viel harmonischer geworden. Das ist aber auch schon alles!" Er trat ganz nahe an mich heran und hob die Hand zum Schlag: „Ich will, daß du pünktlich nach Hause kommst. Dein Dienst ist um sieben, nicht erst um acht Uhr beendet!" – „Menschen sind keine Maschinen, die man nach Belieben ausschalten kann. Ich werde das Heim nicht verlassen, bevor ich mit meiner Arbeit fertig bin!" rief ich aufgebracht. Eine schallende Ohrfeige war seine Antwort. Ich verstummte. „Das werden wir dann schon sehen!" schrie er. Sein Gesicht war rot angelaufen. Ich dachte an seinen hohen Blutdruck, sah nicht mehr meinen Mann, der mich eben geschlagen hatte, sondern einen Kranken vor mir stehen. Ich schwieg und drehte mich um.

Seit seiner Pensionierung war seine Eifersucht immer unerträglicher geworden.

14. Kapitel

Eine innere Unruhe

Es wurde Winter. Die Kräfte meines Mannes ließen ständig nach. Er rauchte weiterhin sehr stark, mußte viele Medikamente einnehmen und saß fast pausenlos vor dem Fernseher. Er unternahm nun zwar täglich einen kleinen Spaziergang, lehnte es aber ab, wenn ich ihn begleiten wollte. „Du gehst mir zu schnell, und stützen will ich mich auch nicht lassen, sonst meinen die Leute, ich sei bereits ein totales Wrack!"

Manchmal sah ich ihm entgegen, wenn er langsam nach Hause kam. Oft blieb er stehen und tat, als ob er sich etwas ansehen wollte. Ich wußte, daß ihm die Beine vom Gehen weh taten, aber die Leute sollten es nicht merken. Er tat mir von Herzen leid. Seit er keinen Alkohol mehr trank, war seine Laune noch schlechter. Zu einer Unterhaltung kam es selten, da er sich nur fürs Fernsehprogramm interessierte. Sprach ich mit ihm über meine Arbeit, gab es sofort Streit. Er fand, daß ich viel zuviel nebenbei für das Heim tat. Auch das verstand ich, denn wer zu den hilflosen Menschen keinen Kontakt hat, begreift in aller Regel nicht, daß jemand seine ganze Kraft für sie einsetzt. Oft bat ich: „Komm doch einmal mit, damit du siehst, wie viel besser es uns geht! Glaube mir, das wird dich zufriedener machen." – „Laß mir meine Ruhe, da komme ich noch früh genug hin!" grantelte er dann. Dann ging er zu seinen Freunden in die Kneipe und trank eine Limonade. Oft wurde er wieder rückfällig und trank ein Glas Bier oder Schnaps. Tagelang mußte er danach im Bett bleiben und fühlte sich sehr elend.

Ich fühlte, daß sich etwas anbahnte, was ich nicht verhindern konnte. Ein Leben ohne Alkohol war für meinen Mann nicht lebenswert. Er sprach nur noch abfällig über andere Menschen. Alle waren für ihn böse und dumm.

Einziger Trost war sein guter Appetit. Ich versuchte, ihn mit schmackhaften Mahlzeiten zu verwöhnen. Große Sorgen hatte ich, wenn er mit dem Auto unterwegs war. Mir war aufgefallen, daß er unkonzentriert fuhr und oft Verkehrszeichen außer acht ließ. Sprach ich ihn darauf an, wurde er böse: „Kümmere du dich um deine Kranken. Wenn ich einen Unfall baue, dann ist das meine Sache."

Der Schlag am Heiligen Abend

Langsam kam die Weihnachtszeit heran. Die letzten fünf Jahre hatte ich am Heiligen Abend immer Dienst. Dieses Jahr sollte es für die nächsten fünf Jahre das letzte Mal sein.

Gegen sechzehn Uhr kamen unsere Söhne und Anna mit ihren Familien zu uns. Es blieben uns drei Stunden zum Feiern, denn um 19 Uhr mußte ich zum Nachtdienst. Mein Mann war gut gelaunt, der Braten schmeckte ihm vorzüglich. Endlich gingen wir ins Wohnzimmer, wo wie jedes Jahr die Bescherung stattfinden sollte. Mein Mann sah den Christbaum an und sagte: „So schön wie in diesem Jahr ist er dir schon lange nicht mehr gelungen!"

Während der Bescherung brachen die Kinder ein ums andere Mal in helles Entzücken aus.

Auch mein Mann war gerührt über die vielen Geschenke, die er erhalten hatte. Ein bunter Pullover gefiel ihm ganz besonders gut. Er hob ihn hoch und lächelte. Ganz plötzlich fing er an zu weinen.

Sein linker Mundwinkel fiel herab. „Papa!" rief ich erschrocken. Ich schob ihn ins Schlafzimmer und legte ihn aufs Bett. Seine Beine trugen ihn nicht mehr. Auch sein linker Arm hing schlaff herunter. Zu Hansi, der ins Schlafzimmer nachgekommen war, schrie ich nur: „Ruf sofort den Notarzt an!" Ich ging zu den anderen Kindern ins Wohnzimmer: „Papa hat einen Schlaganfall!" Alle weinten. Was sollte ich tun? Ich brauchte eine Vertretung im Heim. Es kam nur Susi in Frage, denn der Spätdienst wartete an diesem Tag sicher sehnsüchtig auf die Ablösung.

Der Notarzt kam und stellte einen schweren Schlaganfall fest. Mein Mann wurde ins Krankenhaus eingeliefert. Er war bereits bewußtlos.

Verzweifelt versuchte ich, Susi zu erreichen. Sie war nicht zu Hause.

Ich rief das Krankenhaus an, erkundigte mich nach meinem Mann und sagte, daß ich in den Nachtdienst müsse, da ich keine Vertretung gefunden hätte. „Ihr Mann ist nicht bei Bewußtsein. Er würde gar nicht mitbekommen, wenn Sie jetzt an seinem Bett säßen!"

erklärte mir die diensthabende Ärztin. „Es genügt, wenn Sie morgen zu ihm hereinschauen!" Die Kinder waren fassungslos: „Wie willst du heute Dienst tun?" fragte Hansi. „Bist du völlig gefühllos?" Wie weh mir dieser Satz tat! Ich ließ es mir nicht anmerken, sagte nur: „Es hilft nichts, ich finde keinen Ersatz für heute!" – „Aber du, Mama, springst doch sonst auch für jede ein. Hat denn niemand Verständnis dafür, daß auch du einmal jemanden brauchst?" Ich zuckte nur mit den Schultern. Ich kannte unsere Situation. Was sollte ich noch lange diskutieren? Bevor ich losfuhr, rief ich noch einmal das Krankenhaus an und gab meine Dienstnummer an, damit man mich erreichen konnte. Als ich die Station betrat, empfingen mich Schwester Claudia und der Praktikant Peter aufgeregt. „Heute tust du mir leid, Elfi!" sagte Schwester Claudia. „Die Kathi ist total aus dem Häuschen. Zweimal hat sie schon versucht, über das Gitter zu steigen!" – „Seit wann hat sie denn ein Gitter?" fragte ich. „Sie war nicht mehr zu bändigen. Sie hat bereits ein Valiumzäpfchen, aber die Wirkung ist gleich Null." – „Eigentlich wollte ich dich um einen Gefallen bitten, Claudia", sagte ich bittend. „Hoffentlich nicht darum, daß ich länger hier bleiben soll!" fiel sie mir ins Wort. Peter sah mich unsicher an: „Du hast doch was, bist du krank?" – „Ach, es ist nichts weiter!" sagte ich, und es klang wie Galgenhumor. „Mein Mann hat nur heute abend einen Schlaganfall erlitten, und da wäre ich gern bei ihm im Krankenhaus!" – „Ach, du lieber Gott, und das am Heiligen Abend. Aber ich muß nach Hause zu meinen Kindern, die warten schon auf mich!" rief Claudia abwehrend. Es war mir peinlich, überhaupt davon angefangen zu haben.

Ich versuchte Kathi, die laut schrie, zu beruhigen. Mir blieb nichts übrig, als sie zu ihrer eigenen Sicherheit mit einem Gurt zu fixieren. Peter half mir dabei.

Nachdem die beiden heimgegangen waren, rief ich jede Stunde im Krankenhaus an. Keine neuen Nachrichten. Als ich meinen ersten Rundgang machte, war Franzi noch wach. „Heut schaugst net gut aus. Bist net guat beieinander, ha? Geh her zu mir, daß i di besser seh!" Ich ging zu ihr, streichelte über ihr Haar und sagte: „Franzi, ich wünsche dir frohe Weihnachten!" – „Du, des hört sich net guat o, wie du des sagst. Dei Stimm, die gfallt mir heut überhaupt net!" – „Jetzt sei nicht so neugierig, Franzi, ich habe Kummer!" – „Siehst, des hab i glei gspannt. Sag, kann i dir eppas tun?" Mir stiegen die Tränen in die Augen. „Geh, wein doch net, sonst muaß i gleich mitweinen!" Franzi weinte. „I mag di so gern, i kann des net sehn, wenn du weinst. Sag mir halt, was los is!" – „Mein Mann ist heute abend ins Krankenhaus eingeliefert worden!" – „O mei, was unsern Herrgott net einfallt. Grad heit häts net sein brauchen!" – „Sei still, Franzi, laß den Herrgott in Ruhe, der weiß schon, was er tut!" unterbrach ich sie. „Moanst, ha, manchmal glaub i, treibt er's zu arg!" – „Laß gut sein, es wird schon wieder recht werden!"

Die Heilige Nacht im Heim wurde wie immer turbulent. Bis zum Morgen trudelten Heimbewohner ein, die von ihren Angehörigen zum Fest nach Hause geholt worden waren. Wenn das Telefon läutete, und das geschah in dieser Nacht besonders oft, schrak ich zusammen. Doch aus dem Krankenhaus kamen keine neuen Nachrichten, weder gute noch schlechte.

In den bevorstehenden freien Tagen wollte ich so oft wie möglich im Krankenhaus sein. Heute ging ich erst gar nicht ins Bett, sondern sofort zu meinem Mann. Spitz und bleich lag er da. Er hing an der Infusion und war nicht ansprechbar. Ich setzte mich zu ihm. Sein gleichmäßiges Atmen ermüdete mich so, daß ich fast eingeschlafen wäre.

„So gehen Sie doch nach Hause, und schlafen Sie ein wenig!" schreckte mich die freundliche Stimme des jungen Arztes auf. Ich sah ihn an und nickte. Zu Hause fiel ich ins Bett und schlief sofort ein. Am frühen Nachmittag ging ich erneut ins Krankenhaus. Dasselbe Bild: Er schlief und schlief. So ging es die ganzen sieben freie Tage. Am achten Tag fragte ich den Arzt: „Was meinen Sie, Herr Doktor, wird er wieder gesund werden?" Er sah mich sehr ernst an und sagte: „Wir müssen abwarten und viel Geduld haben!" Ich hatte ein schlechtes Gefühl. Ich glaubte nicht mehr an eine Besserung.

Als ich wieder meinen Dienst antreten sollte, fühlte ich mich dazu nicht in der Lage. Aber wie oft schon hatte ich mich nicht wohl gefühlt und den Nachtdienst trotzdem bewältigt!

Als ich mich von meinem Mann verabschiedete, streichelte ich ihn und sprach ihm Mut zu. Die ganzen Tage, in denen er offensichtlich nicht ansprechbar war, hatte ich mit ihm gesprochen, in der Hoffnung, daß er vielleicht doch etwas mitbekommen würde. Plötzlich öffnete er die Augen und sagte mit schwacher, undeutlicher Stimme: „Elfi, warum nur hast du mich ins Pflegeheim getan? Das hättest du mir nicht antun dürfen!"

Tränen schossen mir in die Augen. „Du bist nicht im Pflegeheim, und du wirst, solange ich laufen kann, auch nie ins Pflegeheim kommen. Du bist im Krankenhaus, die Ärzte versuchen, dich gesund zu bekommen. Das können sie aber nur, wenn du mithilfst!" Ein Lächeln zog über sein Gesicht. „Darf ich dann wieder zu dir nach Hause, wenn ich gesund bin?" – „Ja, natürlich!" Ich streichelte seine Hände und ging.

Er war schon wieder eingeschlafen.

Eine schwere Zeit

Es war eine schwere Zeit. Nach dem Nachtdienst schlief ich nur wenige Stunden und saß stundenlang am Bett meines Mannes. Er wurde aggressiv, wenn ich mittags nicht an seinem Bett stand. Stundenlang bewegte ich die Zehen seines lahmen Beines. Die Sprechübungen, das monotone Zählen bis hundert und wieder zurück, ermüdeten mich, brachten aber, da er geduldig mitmachte, viel Erfolg. Nach weiteren vierzehn Tagen konnte er wieder gehen und sprechen. Nun trainierte ich seinen linken Arm, bis wir beide müde waren. Aber es nützte nichts, er blieb völlig gefühllos und schlaff. Nach sechs Wochen ließ mich die Stationsärztin kommen: „Wir werden Ihren Mann auf eine Rehabilitationskur schicken. Vorher dürfen Sie ihn noch vierzehn Tage mit nach Hause nehmen." Mein Mann freute sich. Ich freute mich zwar auch, hatte aber Angst, weil er nach dem Schlaganfall noch aggressiver geworden war als vorher. Als ich Elfriede erzählte, daß ihr Vater nach Hause komme, schrie sie: „Was? Du willst diesen Verrückten ins Haus holen? Dann ziehe ich aus. Warum steckst du ihn nicht ins Pflegeheim, wo er hingehört? Glaube mir, Mama, den kenne ich. Er hat mir sogar im Krankenhaus Schläge angedroht. Wenn der nach Hause kommt, gehe ich. Du kannst wählen!"

Ich sah sie entgeistert an: „Elfriede, das ist Papas Zuhause. Solange ich mich bewegen kann, kommt mir kein Angehöriger ins Pflegeheim, auch du nicht, wenn du ein Pflegefall werden solltest. Wenn du deswegen ausziehen willst, dann bitte! Papa bleibt bei mir!" Sie weinte den ganzen Abend und versuchte mich umzustimmen. Aber ich blieb fest und verbarg nicht meine Enttäuschung. Am nächsten Morgen holte ich ihn vom Krankenhaus ab.

Verschämt, damit ihn niemand sah, schlich er zum Auto. Ich tat, als bemerkte ich es nicht, und behandelte ihn wie einen völlig Gesunden.

Elfriede hatte ihren freien Tag. Wie sie wohl ihren Vater empfangen würde?

Anna hatte sie mittlerweile zur Vernunft gebracht. Sie lächelte ihn freundlich an, als er zur Tür hereintrat. Mir fiel ein Stein vom Herzen, denn sicher war es auch für ihn nicht leicht, so behindert nach Hause zu kommen. Bereits nach kurzer Zeit ging er ins Bett und schlief sofort ein.

15. Kapitel

Aufregung auf der Station

Beruhigt trat ich meinen Dienst an.

Es wurde keine ruhige Nacht: Durchfall auf beiden Stationen! An die Rundgänge war vorerst nicht zu denken. Die Kübel zum Wäscheeinweichen reichten nicht aus. Endlich aber ließ ich alles stehen und liegen und ging durch alle Zimmer. Schon vor der Tür des Vierbettzimmers hörte ich qualvolles Stöhnen. Frau Herrmann hatte ein Bein bis zum Oberschenkel durch das Gitter gestreckt. Als ich versuchte, das Bein wieder zurückzuschieben, schrie sie auf. Das Gitter hatte sich in das weiche Fleisch eingedrückt. Der Schmerz ließ sie ohnmächtig werden. Der alarmierte Notarzt sah mich vorwurfsvoll an: „Wie lange haben Sie denn nicht mehr in das Krankenzimmer geschaut, Schwester?" – „Lange nicht, Herr Doktor!" gestand ich ehrlich. „Auf beiden Stationen herrscht Durchfall!" – „Und Ihre Kollegin, warum konnte die nicht nach dem Rechten sehen?" – „Es gibt keine Kollegin, Herr Doktor, ich bin nachts allein hier!" – „Das gibt es doch nicht!" rief er empört. „Wir sind nur zwei Nachtschwestern und arbeiten im Wechsel von sieben Nächten. Aber heute ist eine besonders schwere Nacht, es ist nicht immer so. Meistens geht es allein!"

Franzi und die Sanitäter

Als ich am Morgen die Franzi waschen wollte, sagte sie: „Du, mir tut's da so weh!" Sie griff sich an die Leber. Ihr Gesicht war unnatürlich gelb. „Halt dich ganz ruhig, Franzi, ich hol' den Doktor!" – „Is eppas Schlimmes?" fragte sie ängstlich. „Ich weiß es nicht, Franzi." Rasch war der Arzt zur Stelle und stellte eine infektiöse Hepatitis fest. „Sie müssen ins Krankenhaus, Frau Seidelmeier!" sagte er freundlich. Franzi langte sich an den Kopf und schimpfte: „Du spinnst, i war no nia net im Spital, weil mir noch nia eppas gfehlt hat. Du schaugst mi net recht gscheit o. I bleib da, bei derer!" Sie deutete zu mir her. „Wos sagst jetzt du dazu?" – „Franzi, wenn's der Doktor sagt, wird's schon stimmen. Es wird schon wieder recht werden." Traurig sah sie mich an: „Is des Spital weit weg? Kimmst mi du besuchen?" – „Natürlich, Franzi!" – „Seien Sie vorsichtig!" warnte der Arzt. „Sie können sich anstecken!" – „Ich habe keine Angst davor und werde vorsichtig sein!", beruhigte ich ihn.

Er verständigte die Sanitäter. Meine Dienstzeit war bereits zu Ende, aber ich wollte die Franzi noch herrichten und warten, bis man sie abholte. Als die Sanitäter kamen, sagten sie: „Die ist ja infektiös, da haben wir eine falsche Bahre dabei. Die nehmen wir nicht mit!"

„Was bin i, du Saudepp! I will ja gar net mit dir. Du ausgschamt's Mannsbild, des hot noch neamds zu mia gsogt, daß i fektös bin!" Franzi nahm ihr Glas und schleuderte es dem Sanitäter ins Gesicht. Die Limonade ergoß sich über seinen weißen Mantel. „Und verrückt ist sie dazu!" rief der Sanitäter empört.

Ich schob ihn zur Tür hinaus. „Schuld sind Sie selber!" schimpfte ich. „Vor einer Patientin macht man solche Äußerungen nicht. Holen Sie jetzt Ihre Kollegen mit der Bahre für Infektionskranke, und gehen Sie nicht mehr zu ihr hinein. Sie regen sie nur auf!" – „Die ist doch bescheuert!" rief er. Kurze Zeit darauf kamen andere Sanitäter und lachten: „Wir sollen hier eine Verrückte abholen!" – „Hat Ihnen das Ihr Kollege gesagt?" fragte ich böse. „Ja, wir sind über Funk informiert worden, es handele sich um eine infektiöse Tobsüchtige!" – „So, so, jetzt gehen Sie einmal hinein, und behandeln Sie die Dame wie einen normalen Menschen, und Sie werden sehen, daß hier niemand verrückt ist!"

Behutsam wurde die Franzi auf die Bahre gelegt. Es fiel kein böses Wort. Der Sanitäter war ein gut aussehender junger Mann. Franzi sagte: „Du bist a scheener Bua, und lieb bist a!" Der Sanitäter sah mich Entschuldigung heischend an. „Sehen Sie, auch alte Leute haben Gefühl", bemerkte ich schnippisch. „Laß mi net alloa im Spital!" rief Franzi mir noch zu.

Sie hatte Tränen in den Augen.

Zwischen Mitleid und Zorn

Als ich am Morgen nach Hause kam, verlangte mein Mann, versorgt zu werden. Anschließend wollte ich ins Bett gehen und bat ihn, sich inzwischen im Wohnzimmer auf die Couch zu legen. „Ich will bei dir schlafen, laß mich nicht allein!" rief er eigensinnig. Er legte sich neben mich und streichelte meine Hand. Ich bemühte mich, trotzdem einzuschlafen, aber es gelang mir nicht. Seine Berührung ließ mich nicht zur Ruhe kommen. Nach etwa einer Stunde begann er, Wünsche zu äußern. Ich fand keinen Schlaf. Immerhin lag ich im Bett und ruhte ein wenig.

Kaum waren wir mittags aufgestanden, fing er an zu nörgeln: „Kümmerst du dich um deine Patienten auch so wenig wie um mich?" – „Bitte verstehe doch: Ich habe die ganze Nacht schwer gearbeitet und brauche am Morgen ein wenig Ruhe!" – „Gut, dann geh jetzt mit mir spazieren!" verlangte er nach einer Weile. Ich zog ihn an und ging mit ihm hinaus. Kaum waren wir zehn Minuten gegangen, verlangte er, wieder nach Hause zu gehen. Ich war schon froh, daß er wenigstens etwas frische Luft geatmet hatte.

Einige Tage danach konnte er plötzlich seinen Mund nicht mehr bewegen. Schnell rief ich den Hausarzt an. Wieder mußte er ins Krankenhaus. Schließlich kam der Tag, an dem er zur Kur fahren sollte. Ich hatte gerade frei. „Bitte, Elfi, fahre mit, ich bin so unsicher ohne dich!" bettelte er. Mit unserem Auto durfte ich ihn nicht fahren. Er mußte mit dem Krankenwagen transportiert werden. Ich fuhr mit dem Wagen hinterher. Das Kurheim lag etwa hundertfünfzig Kilometer von zu Hause entfernt.

Er war todunglücklich, weil ich ihn nicht jeden Tag besuchen konnte. „Wirst sehen, Papa, die Zeit wird dir wie im Flug vergehen. In dieser schönen Gegend wirst du die Freude am Leben bald zurückgewinnen!" Er hatte ein Telefon im Zimmer. Das beruhigte ihn ein wenig.

In der darauffolgenden Zeit rief er mich jeden Morgen an. Entweder verzweifelt weinend oder aber glühend vor Zorn: „Was machst du? Wer ist bei dir? Benützt du jetzt meine Abwesenheit dazu, mich zu betrügen?" Meine Gefühle wurden zwischen Mitleid und Zorn hin- und hergerissen. „Bitte, sei doch vernünftig, wenn du so dumme Vorstellungen hast, kannst du nicht gesund werden!"

Nachdem er im Heim klargemacht hatte, daß er keine Verlängerung seiner Kur wünsche, durfte er nach Hause. „Freust du dich?" fragte er bei seinem letzten Anruf. „Ja. Ich habe aber auch ein wenig Angst!" sagte ich ehrlich. „Wovor fürchtest du dich denn?" fragte er ganz vernünftig. „Du kannst so böse werden." – „Das liegt nur an dir. Wenn du tust, was ich will, und nicht dauernd in das blöde Heim rennst, wird es keinen Grund zum Fürchten geben!" Das klang sehr bedrohlich. „An mir soll es nicht liegen!" lenkte ich ein. „Du mußt aber auch verstehen, daß ich in meinem Beruf etwas leisten muß." – „Beruf, Beruf, ich bin jetzt dein Patient." – „Aber wir müssen doch von etwas leben!" entgegnete ich. „Du hast doch meine Rente!" schrie er. Von seiner kleinen Rente hätte er nicht einmal allein leben können. Aber ich wollte ihn nicht verletzen und schwieg.

Einen Tag nach unserem Gespräch wurde er von einem Krankenwagen nach Hause gefahren. Den ganzen Nachmittag wartete ich vergebens auf sein Eintreffen. Endlich rief mich mein Sohn Günther an: „Mama, du kannst Papa abholen, er ist bei mir!" – „Wie kommt er denn zu dir?" fragte ich erstaunt. „Er wußte eure Anschrift nicht mehr. Meine Adresse ist ihm eingefallen. Da haben ihn die Sanitäter zu mir gefahren!" Mit gemischten Gefühlen setzte ich mich ins Auto und fuhr zu meinem Sohn. Als mein Mann mich sah, wurde er zornig. Ich wollte ihn umarmen, aber er machte sich frei und rief: „Wenn ich nach Hause komme, schmeiße ich zuerst Elfriede vom Balkon herunter und dann dich!" Günther schaute erschrocken.

Ich tat, als hätte ich seine Worte überhaupt nicht gehört: „Herzlich willkommen zu Hause!" rief ich.

„So, jetzt hast du deinen Krüppel wieder!" sagte er, auf seinen immer noch schlaff herunterhängenden Arm deutend. „Andere sind schlechter dran als du, mit einem gelähmten Arm kann man leben und glücklich sein", erwiderte ich. „Das kannst du sagen, weil du keinen hast!" sagte er weinend. Er tat mir unendlich leid. Ich nahm ihn einfach in die Arme: „Komm, die Hauptsache ist doch, daß du wieder zu Hause bist. Mit viel Geduld werden wir es schon schaffen, daß du wieder glücklich wirst!" In seinen Augen war Skepsis, und er winkte resigniert ab.

Es gibt viel Neues

Als ich am Abend meinen Dienst antrat, rief mir Schwester Marianne zu: „Franzi ist heute wieder zurückgekommen, sie wartet schon auf Sie, aber machen Sie es kurz, es gibt noch viel Neues!"

Franzi sah mich vorwurfsvoll an: „Gestern hast mi net b'suacht im Krankenhaus!" Ich war zweimal in der

Woche bei ihr gewesen, um sie ein wenig zu unterhalten. Ließ ich einmal ein paar Tage verstreichen, fragte sie gleich: „Mogst mi nimma, ha?"

Ich war in Sorge um Franzi. Sie hatte keine Gelbsucht, sondern eine Leberzirrhose im fortgeschrittenen Stadium. Die Ärzte hatten sie aufgegeben. Im Krankenhaus hatten sie alle gern gehabt. Oft verbrachten die Schwestern ihre Freistunde bei ihr. Das genoß sie dann und erzählte lustige Geschichten aus ihrer Jugendzeit. Als ich ihr erklärte, daß ich wegen der Rückkehr meines Mannes verhindert war, hatte sie sofort Verständnis dafür. „Na, und geht's deim Mo wieder bessa?" fragte sie. „Ja, ja, Franzi, es geht schon wieder!" – „O mei, mi brauchst net oliagn, wiest du des sogst, des glangt ma scho wieda!" – „Wieso, wie hab' ich's denn gesagt, was paßt dir schon wieder nicht?" – „Du, mir kunnst nix weiß macha, i kenn mi aus mit dia!" – „Es wird schon wieder werden, Franzi, schlaf jetzt! Ich freue mich, daß du wieder da bist!" – „I a, pfüat di!"

Schwester Marianne war hereingekommen: „Elfi, so kommen Sie doch endlich, daß ich Ihnen Bericht erstatten kann, was es noch Neues gibt!" – „Der schiache Teifi, schon wieda!" fluchte Franzi. „Bist jetzt ruhig, Franzi!" – „Was hat die Frau Seidelmeier gesagt?" fragte Schwester Marianne. „Des geht di an feuchten Staub o, was i gsagt hob!" Schnell verließ ich mit Schwester Marianne das Krankenzimmer. „Das eine muß ich Ihnen schon einmal sagen, Schwester Elfi, die Franzi ist, solange Sie nicht im Hause sind, viel anständiger. Sobald Sie da sind, wird sie frech und ordinär!" – „Das tut mir leid, Schwester Marianne, aber ich möchte sie gerne noch verwöhnen. Lange ist sie sowieso nicht mehr da!" –

„Da haben Sie recht, ich habe den Bericht vom Krankenhaus gelesen", erwiderte sie versöhnlicher.

„Aber wenn wir schon beim Sterben sind: Bei Herrn Bergmann ist es soweit. Die Tochter ist noch bei ihm!" Schnell ging ich in sein Zimmer. Der Anblick, der sich bot, erschütterte mich. Die Tochter hielt den schweren Mann in ihren Armen und streichelte ihn. Er war nicht mehr bei Bewußtsein. „Mama habe ich nach Hause geschickt, sie war mit den Nerven am Ende!" sagte das tapfere sechzehnjährige Mädchen. „Ich weiß, sie ist in den letzten Tagen einfach zu lange an seinem Bett gesessen." Ich sah in das bleiche Mädchengesicht und bewunderte, daß sie jetzt in der schwersten Stunde bei ihrem Vater blieb. Aber ich sorgte mich auch um sie und sagte: „Wenn Sie nach Hause wollen, brauchen Sie nur zu läuten, ich lasse Sie dann hinaus!" – „Ich möchte bei meinem Vater bleiben, er soll nicht allein sterben. Er hat mich auch nie allein gelassen, wenn ich Kummer hatte!" sagte sie tapfer.

Inzwischen war ein Freund der Familie Bergmann gekommen, der das junge Mädchen überreden konnte, mit ihm nach Hause zu fahren. Es war gut, daß sie heimgefahren war, denn Herr Bergmanns Todeskampf war so erschütternd, daß ich Tage brauchte, um darüber hinwegzukommen.

Zu seiner Beerdigung gingen alle Schwestern, die Zeit hatten. Sogar mein Mann hatte Verständnis dafür, daß ich hingehen wollte.

Als ich Frau Bergmann weinen sah, mußte ich an meinen Mann denken. Ich weinte mit ihr.

Gib ihr die ewige Ruhe!

Als ich am Abend den Nachtdienst antrat, klagte Franzi über starke Schmerzen. Ich konnte ihr nicht helfen. Als ich es nicht länger ertrug, wie sie sich vor Schmerzen wand, alarmierte ich den Arzt. Er sagte: „Sie muß wieder ins Krankenhaus. Sie braucht starke schmerzlindernde Medikamente! Ist es Ihre Mutter?" fragte er, weil ich mit den Tränen kämpfte.

Ich schüttelte den Kopf und sagte: „Man gewinnt die Patienten mit der Zeit lieb!" Ich begleitete Franzi bis zum Ausgang. Sie wollte meine Hand nicht loslassen und sah mich flehend an: „Besuch mi im Spital, i fürcht mi!" Ich schluchzte laut. „Woan net, des mag i net!" sagte sie und krümmte sich erneut vor Schmerzen. Einige Stunden später rief ich im Krankenhaus an. „Frau Seidelmeier hat schmerzlindernde Medikamente erhalten und ist nicht bei Bewußtsein. Wahrscheinlich wird sie diese Nacht nicht überleben", berichtete die Stationsschwester. „Bitte, informieren Sie mich, wenn sie gestorben ist!" bat ich.

Als ich gerade mit dem Waschen der Patienten beginnen wollte, klingelte das Telefon. „Soeben ist Frau Seidelmeier gestorben. Sie ist nicht mehr zu Bewußtsein gekommen!" – „Danke, Schwester", brachte ich noch heraus. „Herr, Gott, schenke meiner kleinen Franzi die ewige Ruhe!" betete ich leise für mich.

Das Zimmer, in dem Franzi gelegen hatte, kam mir leer und ausgestorben vor. Ohne Franzi war es wirklich nur noch ein Krankenzimmer. Ich weinte, bis ich nach Hause fuhr.

Die Pflege meines Mannes bereitete Elfriede und mir viel Mühe. Außerdem litt ich, seit ich nicht mehr zum Schwimmen ging, wieder stärker an Muskelschmerzen, die mich oft nicht einschlafen ließen. Ich hatte meinen Mann gebeten, mich wieder zum Schwimmen gehen zu lassen. „Wenn es unbedingt sein muß, dann geh halt!" grantelte er. Wieder bat ich ihn mitzukommen, aber er wollte nicht.

Seit drei Wochen war mein Mann nun schon wieder zu Hause. Ostern stand vor der Tür. Ich hoffte, daß er an den Festvorbereitungen Freude haben würde. Drei Nächte hatte ich noch Dienst, bis zum Karfreitag, dann sollten meine freien Tage kommen.

Mittags, gleich nachdem ich aufgewacht war und meinem Mann das Mittagessen gekocht hatte, machte ich mich fertig, um in die Schwimmhalle zu gehen. Um diese Tageszeit machte mein Mann stets ein Nickerchen. Als ich ging, war er noch wach. „Eigentlich könntest du mitkommen und dein Schläfchen in der Halle im Liegestuhl halten." – „Ich mag nicht, geh nur zu! Aber beeil dich, und laß mich nicht so lange auf dich warten!" Das war es, was den Streß auslöste: das ewige Sich-beeilen-Müssen.

Beim Schwimmen bemerkte ich, daß es mit meinen Kräften nicht mehr weit her war. Heute brauchte ich eine viertel Stunde länger für die tausend Meter. Hastig zog ich mich an, um ja nicht viel später als gewöhnlich nach Hause zu kommen. Kaum hatte ich die Wohnungstür aufgeschlossen, da sprang mein Mann, so schnell er konnte, auf, hob die gesunde Hand zum Schlag und rief: „Wo warst du so lange, du hast mich betrogen!" – „Aber du weißt doch, wo ich war. Du hattest doch nichts dagegen, daß ich schwimmen gehe." Offensichtlich konnte er sich nicht mehr daran erinnern. Mit einem irren Blick stürzte er sich auf mich und schlug mit der Faust auf mich ein. Fortwährend rief er dabei: „Ich lasse mich nicht betrügen!" Elfriede war kreidebleich geworden und rief erschrocken: „Papa, Papa, laß doch die Mama in Frieden!"

Er war wie von Sinnen. In seinen Augen sah ich nur Haß. So gut ich konnte, wich ich seinen Schlägen aus, aber ich war ihm in dem engen Wohnungsgang hilflos ausgeliefert. Hart traf er meine Augen und meine Brust immer wieder. Wo nahm der kranke Mann nur die Kraft her. Ich rief nach hinten, wo ich Elfriede wußte: „Schnell, ruf Günther an ...!" Da traf mich ein Schlag, der mir fast die Besinnung nahm. Er stand ganz dicht vor mir. Ich hob die Hand und gab ihm zum ersten Mal eine Ohrfeige. Ich erschrak selber. Auch seine Augen weiteten sich vor Erstaunen und Zorn. Noch nie hatte ich die Hand gegen ihn erhoben. Ich nützte seine Verblüffung aus, um wenigstens aus dem engen Gang herauszukommen. Er mir nach. Nun trafen mich seine Faustschläge noch heftiger als vorher. Ich wehrte mich nicht mehr. Ich schämte mich, weil ich den kranken Mann geschlagen hatte.

Ich faßte seine schlagende Hand und zog den schwer atmenden Mann zur Couch hin. „Setz dich jetzt und hör endlich mit dem Schlagen auf!" bat ich ihn. Er schien sich zu beruhigen. Doch plötzlich riß er sich los. Wieder holte er zu einem Schlag aus, dem ich, weil ich so nah neben ihm saß, nicht mehr hätte ausweichen können. Aber der Schlag blieb aus. Ich öffnete die Augen, die ich in einem Reflex geschlossen hatte. Erschrocken sah ich, wie mein Mann seine Augen weit aufriß und zurückfiel. Danach atmete er noch zweimal kurz, dann war es aus. Ich rannte zum Telefon und rief den Notarzt an, ich schrie in den Hörer: „Bitte, kommen Sie schnell, mein Mann stirbt, ich glaube, er ist schon tot!"

Es läutete. Günther und Anna stürmten herein. „Mama, wie siehst du nur aus!" rief Anna entsetzt. Ich antwortete nicht, sondern lief zurück zu meinem Mann.

Ich wollte gerade mit der Herzschockmassage beginnen, da klingelte es wieder. Der Notarzt und drei Sanitäter kamen herein. Sofort begannen sie mit der Reanimation. Mir schien es, als brauchten sie endlos lange. Endlich sagte der Arzt: „Die Pupillen werden kleiner, er kommt wieder zu sich." Mit Blaulicht wurde er in rasender Fahrt ins Krankenhaus gefahren. Anna fuhr mit. „Ruh dich aus, Mama, leg dich nieder!" rief sie mir noch zu. An meinem Körper gab es keine Stelle, die nicht weh tat. Aber ich mußte mich zusammenreißen, denn in einer Stunde begann mein Nachtdienst. Anna hatte versprochen, mich vorher noch anzurufen und Bericht zu erstatten. Kurz bevor ich aufbrechen mußte, läutete das Telefon. Es war Anna: „Mama, du mußt jetzt sehr tapfer sein. Die Ärzte haben keine Hoffnung mehr, daß Papa wieder aus dem Koma erwacht. Sein Gehirn war zu lange ohne Sauerstoff. Er hat wohl doch zu lange mit der Atmung ausgesetzt. Man hat mich gefragt, wie das geschehen konnte. Ich habe ihnen die Wahrheit gesagt: Daß Papa es nicht ertragen konnte, daß du noch gesund bist, daß er dich aus lauter Eifersucht geschlagen und sich selber dabei zugrunde gerichtet hat!" Leidenschaftlich hatte Anna gesprochen, so als ob sie glücklich wäre, daß ich außer Gefahr war. Jetzt schluchzte sie: „Die Ärzte waren voller Verständnis, Mama. Sie sagten, sie erlebten das öfter, daß kranke Menschen eifersüchtig sind auf gesunde!"

Als ich zum Dienst fuhr, mußte ich immer wieder an die Ohrfeige denken, die ich ihm gegeben hatte. Wenn er nun stirbt, wird er mir nie verzeihen können ...

Als ich das Heim betrat, begegnete ich dem Direktor. „Wie geht es Ihrem Mann?" fragte er. Stotternd berichtete ich, was sich zugetragen hatte. Plötzlich fing ich an zu weinen. Es war mir sehr peinlich und, ich entschuldigte mich, weil ich mich so gehenließ.

Voller Verständnis sagte er: „Weinen Sie nur, Sie haben in der letzten Zeit so viel mitgemacht. Aber machen Sie sich nicht allzu große Sorgen, sicher wird Ihr Mann wieder gesund werden!"

Das Ende

Am Morgen war ich so erschöpft, daß ich angezogen auf der Couch im Wohnzimmer einschlief.

Um elf Uhr weckte mich das schrille Läuten des Telefons. Es war Anna: „Mama, ich rufe dich aus dem Krankenhaus an. Papa ist soeben gestorben. Ich war bis zuletzt bei ihm. Ich komme jetzt zu dir."

Ich setzte mich. Nichts als gähnende Leere war in mir. Wie so oft konnte ich nicht weinen. Anna kam und schluchzte: „Ach Mama, es war so entsetzlich. Die Ärzte sagten, daß er eigentlich schon gestern gestorben ist. Er ist nicht mehr zu sich gekommen. Man hat ihn nur noch einmal zum Atmen gebracht."

Es war Mittwoch vor Ostern. Der Angestellte des Beerdigungsinstituts erklärte: „Vor Ostern wird Ihr Mann nicht mehr bestattet werden, denn zwischen Karfreitag und Ostersonntag darf niemand beerdigt werden!"

Ich war mit allem einverstanden.

Am Abend ging ich wieder in den Nachtdienst.

Spätdienst hatte der lange Fritz. Er berichtete, was es Neues auf den Stationen gab. Nebenbei fragte er: „Wie geht es deinem Mann? Ich habe erfahren, daß er wieder im Krankenhaus ist, stimmt das?" – „Ja, ja, er war wieder im Krankenhaus, aber heute morgen ist er für immer heimgegangen!" – „Na schön", sagte Fritz, „dann war der Aufenthalt ja nur von kurzer Dauer. Hoffentlich geht es ihm jetzt wieder besser!" – „Ich glaube, du hast mich nicht richtig verstanden, er ist heute morgen gestorben!" Fritz starrte mich an: „Was? Und dann kommst du hierher? Kann dich niemand vertreten?" – „Ach laß nur, Fritz, die beiden Nächte bis zum Karfreitag schaffe ich auch noch, und die Beerdigung findet sowieso in meinen freien Tagen statt."

Am nächsten Morgen traf ich Herrn Seetaler: „Schwester Elfi, ich habe von Fritz erfahren, was geschehen ist: Mein herzlichstes Beileid! Heute abend brauchen Sie Ihren Dienst nicht mehr anzutreten. Schwester Susi wird Sie vertreten!" – „Vielen Dank, Herr Seetaler!"

Alle sechs Kinder standen am Grab ihres Vaters und trauerten. Niemand nahm ihm seine Schwächen mehr übel.

Seitdem ist das Pflegeheim mein ganzer Lebensinhalt geworden.

Meine Kinder helfen mir, wo sie können.

Oft denke ich daran, wie schwer mein Mann sich das Leben gemacht hat. Und immer wieder entschuldige ich mich bei ihm für die Ohrfeige …